Diderot

未名讲坛

尚杰讲狄德罗

尚杰／著

北京大学出版社

图书在版编目(CIP)数据

尚杰讲狄德罗/尚杰著. —北京：北京大学出版社, 2008.1

(未名讲坛)

ISBN 978 – 7 – 301 – 13018 – 6

Ⅰ.尚… Ⅱ.尚… Ⅲ.狄德罗, D.(1713～1784) – 哲学思想 Ⅳ.B565.28

中国版本图书馆 CIP 数据核字(2007)第 171448 号

书　　　名	：尚杰讲狄德罗
著作责任者	：尚　杰　著
丛 书 策 划	：杨书澜
责 任 编 辑	：闵艳芸
版 式 设 计	：王炜烨
标 准 书 号	：ISBN 978 – 7 – 301 – 13018 – 6/B · 0711
出 版 发 行	：北京大学出版社
地　　　址	：北京市海淀区成府路 205 号　100871
网　　　址	：http://www.pup.cn
电　　　话	：邮购部 62752015　发行部 62750672　编辑部 62752824
	出版部 62754962
电 子 邮 箱	：weidf02@sina.com
印 刷 者	：北京宏伟双华印刷有限公司
经 销 者	：新华书店
	890 毫米×1240 毫米　A5　6.75 印张　134 千字
	2008 年 1 月第 1 版　2008 年 1 月第 1 次印刷
定　　　价	：18.00 元

未经许可，不得以任何方式复制或抄袭本书之部分或全部内容。
版权所有，侵权必究
举报电话：010 – 62752024　电子邮箱：fd@pup.pku.edu.cn

《未名讲坛》序

汤一介[*]

德国哲学家雅斯贝尔斯(1883～1969)曾经提出"轴心时代"的观念。他认为,在公元前500年前后,在古希腊、印度、中国和以色列等地几乎同时出现了伟大的思想家,他们都对人类关切的根本问题提出了独到的看法。古希腊有苏格拉底、柏拉图,印度有释迦牟尼,中国有老子、孔子,以色列有犹太教的先知们,形成了不同的文化传统。这些文化传统经过两千多年的发展已经成为人类文化的主要精神财富。"人类一直靠轴心时代所产生的思考和创造的一切而生存,每一次新的飞跃都回顾这一时期,并被它重新燃起火焰。"[①]例如,欧洲的文艺复兴就是把目光投向其文化的源头古希腊,使欧洲的文明重新燃起新的光辉,而对世界产生重大影响。中国的宋明理学(新儒学)在经受印度佛教的冲击后,再次回归孔孟,而把中国哲学提高到一个新的水平。各个民族、各个国家的思想家们就是这样一代一代相传地推动着人类历史文

---

[*] 北京大学哲学系教授、博士生导师,中国文化书院创院院长,北京大学哲学系文化研究所名誉所长。

[①] 雅斯贝尔斯:《历史的起源与目标》,华夏出版社1989年版,第14页。

化的发展。我想,上述雅斯贝尔斯关于"轴心时代"的观念,可以对这套《未名讲坛》丛书的编写有一点重要启示,这就是人类必须不断回顾自己的历史,重温自己的文化传统。人类的历史是由人自身创造的,这中间推动历史前进的伟大思想大师无疑起着巨大的作用。如果我们能用准确而生动的语言写出这些大师富于启迪性的思想,应该能实现这套《未名讲坛》丛书所希望的"让大师走进大众,让大众了解大师"的宗旨。

司马迁说:"居今之世,志古之道,所以自镜者,未必尽同。"我们生活在今天,有志向实现自古以来人类的理想,重温自古以来的人们走过的历史历程,以此作为我们的借鉴,是非常必要的。因为"历史是一面镜子",虽然世移事迁,现在和过去不一定都一样,但总可以从古来的大师们的智慧中得到教诲。自古以来可以称得上"大师"的应该是:既能以他的深邃的思想引导人,又能以他的人格魅力吸引人,他们是真、善、美的化身。但是,看看今天我们的社会,不能不承认确实存在着不少问题,也许最为使人们担心的是,由于物欲的驱动,让许多人失去了理想,丢掉了做人的道理,这样下去将是十分危险的。"榜样的力量是无穷的",这套《未名讲坛》丛书对我们将能起着以"大师"为榜样的作用,使我们在各自的岗位上,不断丰富自己的知识,提高自己的理论思维能力,加强自己的道德修养,为人类社会的福祉做自己力所能及的事。

汤一介
2005 年 8 月 8 日

目 录

序　言	什么是近代法国启蒙运动 ……………	1
第一讲	狄德罗和他的百科全书 ……………	53
一	生平和著作 ……………………………	53
二	主编百科全书 …………………………	59
第二讲	《达朗贝尔之梦》式的"谵妄"的唯物主义 ………………	62
第三讲	美学思想 ………………………………	78
第四讲	狄德罗艺术妙语与风格 ……………	104
第五讲	宗教问题 ………………………………	113
第六讲	18世纪法国社会中的恶与疯癫：关于《拉摩的侄儿》 ……………	128
第七讲	现代文学与哲学的雏形 ……………	146
一	概述 ……………………………………	146
二	《定命论者雅克和他的主人》 ………	158
三	昆德拉的"增补"或"变奏" …………	173
第八讲	启蒙世纪的另一半："狄德罗们"与古典的浪漫主义 ……………	181

序　言

什么是近代法国启蒙运动

尚杰讲

狄德罗

"启蒙"象征着人类精神"方向性"的巨大变化，它的本义是光明，一个隐喻。在词源上可以追溯到柏拉图的洞穴之喻：远古人类穴居匍行，借着洞墙微弱之亮，方知异域有播撒光明的太阳，于是人从蒙昧变有知。就此而言，启蒙是一个泛文化概念，它象征着人类精神空间的拓展、延伸、变化。我们这里有意回避"进步"一词，含义在于，把启蒙与进步联系起来，特指哲学史上所谓的"启蒙时代"，是一种狭义的启蒙概念。而现代知识分子，通常在不自觉间，混淆了启蒙的这两种含义，故而生出一些似是而非的争议。我们这里回到启蒙的本义，即把启蒙理解为人类精神的变化,视觉方向的转移,用它来代替"进步"的字眼,理由在于:"进步"一词已经被现代知识分子用滥了,特别严重的是,它与一种思维定式联系起来,把极其复杂的人类文明事实作简单的处理,像索然无味的单线条。

当我们以这样的目光注视法国启蒙思想时,就看到了从前看不到的东西:它是与黑格尔的哲学精神背道而驰的,这不仅因为它不是任何一种意义上的思辨哲学,而且在于它生出了异类的"哲学",其意义却是现代的。

于是,我们遭遇"陌生":这有两种含义,其一是说,就法国启蒙运动而言,它对当时的法国和欧洲是陌生的。启蒙思想家自称处于"哲学的时代",但实际上,他们把许多传统上不属于哲学的概念视为哲学,开拓了哲学精神空间:或者赋予旧的词汇以新鲜的含义,或者创造一些新的概念——其缘由并不来自杜撰,而来自生命和生活中的体验;其二是说,我们传统上对法国启蒙运动的理解,虽然列举了许多耳熟能详的概念,但是并没有真正理解它们的含义,以至于认为,与稍后一些的德国古典哲学比较,法国启蒙思想家是"肤浅"的,非哲学的。

这里,我们与其讨论什么是法国启蒙时代的哲学概念,不如研究这些概念是怎么发挥作用的。"什么"的提问方式属于西方传统形而上学,其运作方式是逻辑推演,在学理上是本体论的;"怎么"则暗示着一种操作、活动、内心动作、环境、"事件"、面貌,如此等等,有其智慧的形状,是启蒙概念的形成过程。以下,就是法国启蒙思想家讨论的一些最基本的概念:

风俗或"内心动作"：启蒙是风俗的变化过程。这里所谓"风俗"，并不是就现代民俗学意义而言，其意义是哲学的，因为它的精髓是精神面貌或心理动作的变化。毫无疑问，风俗与习惯密切相关。这里的习惯是全方位的，包括制度、礼仪、言谈、举止、服饰、审美、情趣、道德、宗教等等。我们这里之所以大而化之地称其为"风俗"，主要是就其"习惯"的含义而言。风俗变化之难，有如改变一个人的性格。如果这是启蒙应有之义，也就不难理解为什么启蒙时代跨越了几个世纪。文化因民族而异，但无论哪个民族，都背负其文明习惯的固有负担，几乎不假思索地按着世代遗传的惯例行事。文明越久远，改变起来就越是困难。与多数人的印象相悖，启蒙最重要的成果，并不是近代法律制度之类的变革，而是人的行为习惯的逐渐而巨大的变化，前者只是后者的一个"产品"。有如孟德斯鸠在《论法的精神》中所言："法律和风俗有一个区别，就是法律主要规定'公民'的行为，风俗主要规定'人'的行为。风俗和礼仪有一个区别，就是风俗主要关系内心的动作，礼仪主要关系外表的动作。"① 换句话说，决定人行为习惯的主要因素，不是他的法律角色或外表的动作，而是他的"内心动作"，一种看不见的动作；这个判断具有极其重要的哲学价值，是从哲学高度理解的"风俗"。"内心动作"当然是人"暗"的方面：启蒙时代人们内心动作的变化，并不只限于一个民族的某一个或某一些人，而是大多数人的"内心动作"明显有别于其

---

① 孟德斯鸠：《论法的精神》上册，张燕深译，商务印书馆1997年版，第312页。

传统风俗,其心理感受便在习惯之外而成为时尚。人们经历着焦虑和幸福相交织的复杂情境。就此而论,法兰西近代民族精神的形成至少可以追溯到蒙田,他独创了散文或随笔的文体,而它(essai)的原义则是"实验"。实验什么呢?"我"而不是"我们"的自由独白。暗处的念头由着性子,怀疑一切,尤其是西方圣人对人性的判断。① 这样记录的心思是为日后留给自己看的,暴露于心的羞愧缘于它违反正统的道德。帕斯卡尔追随蒙田,他的《思想录》敞开秘而不宣的内心世界:心愿、心意、心情、心肠、心地、心迹。不是透彻,而是隐藏在心;不是明,而是晦。绝不回避人心的各种倾向。不仅喜欢爱,也喜欢悲伤。人是寂寞的、困顿的、艰难的、野蛮的、转瞬即逝的、偶然的,如此等等。② 这就是他所谓的"微妙精神",以"赌"对抗确定性。至于卢梭,他开创了以写"我"的感情为主要特征的古典浪漫主义传统,在寂寞中写下了《一个孤独漫步者的遐思》,他至死都是一个不合群的人。启蒙泰斗伏尔泰则始终是一个神秘的人,甚至与最好的朋友,也从不谈他究竟有多少财产,更不提他与外甥女的亲密关系。

所有这些,是怎样的"内心动作"呢?极端的个性

---

① "我的大脑就像脱缰的野马,成天有想不完的事,要比给它一件事思考时还要多想一百倍;我脑海里幻觉丛生,重重叠叠,杂乱无章。为了能随时细察这种愚蠢和奇怪的行为,我开始将之一一笔录下来,指望日后会自感羞愧。"《蒙田随笔全集》上卷,潘丽珍、王论跃、丁步洲译,译林出版社1996年版,第12—13页。

② 帕斯卡尔说:"'我'一词有两种性质:当它要成为一切事物的中心时,它是不讲道理的;当它要控制别人时,它是令人讨厌的,因为每个我都是一个敌人,都想成为所有其他人的暴君……你只有在不讲道理时,才发现它是可爱的……"转引自帕斯夸:《帕斯卡尔:神赐思想家》,泰基出版社2000年版,第53页。

化,就像当代法国哲学家列维那斯说的,每一个个体都是一个他者。"他者"之间全然不同,而政治上的"社会契约"只是为了保证"他者"的自由而不得已采取的处理各个"主体"之间关系的法律措施。个人或他者内心秘密的神圣超过了对基督的尊重,人们怎么想,怎么说是自己的权利。人权,这是公民的主要含义。所谓"哲学的世纪"之说,并非是哲学家的世纪,这里的"哲学"是指个人要求按照自己的真实想法在社会上生活,按着这样的"哲学"重新建立道德、价值、政治制度。于是按着这个线索,发生了一系列事件:自恋或"自私"不必躲躲闪闪,而是成为人权保护的对象;所谓"自由",更是要求公开说话的自由:在印刷物和戏剧中批评神与世俗的权威;论战的风气是自由的表现;可以不同意对手的观点,但对手在任何情况下都有公开发表自己见解的权利。这样的风俗造就了以伏尔泰和卢梭为代表的现代意义上的一大批知识分子。从"内心动作"到个人权利,他们经历了从晦暗到光明,即启蒙的过程。

但是,这样的个性与基督教道德是不相容的,按照传统风俗,应该在基督面前表示忏悔,这就产生了宗教意义上的"恶"(自恋或自私的同义语)与传统美德的冲突。通俗地说,个性解放或个人主义追求"差异"而不是"同一":启蒙时代的法国人,喜欢游历和冒险,津津乐道异域的奇闻趣事,它在本性上是求新求异的,否则就要无聊,生活就失去意义。越是罕见的越要知道,越要去做,所以那时有持续甚久的关于遥远中国的礼仪之争,且培养了一批东方迷。这样的兴致是风雅的表现:在歌剧和戏剧场所之外,咖啡馆和沙龙如雨后春笋,因为人们从来没有对如此多的新鲜话题感到兴趣:新闻、政治、时尚、戏剧、女人……一种法兰西式的调侃渐渐形成,这也是法国近代文人或知识分子的形成过程,不知有多少启蒙作品在这些场合中获得过灵感。启蒙哲学家不仅在沉思,更是谈话者和活动家。沙龙的兴盛更使怎么说成为一种艺术。所有这些,使哲学的目光从内心转移到公共空间以及由此暴露的社会问题。

"**理性**":理性是法国启蒙世纪使用最多的关键词,但是,其含义却是"非哲学"的:既不是经院哲学意义上的理性知识,也不是思辨意义上的概念。恰恰相反,就总体而言,它的基本含义有二,其一是"感性"或自然性;其二是"合理性"。启蒙思想家在诉诸"光明"时,其"内心动作"实在太多且又是纠缠不清的,每当这时,"理性"是他们最常借用的词。就此而言,理性是一个非常复杂的概念,就像"中国特色"的提法一样,"理性"是启蒙时代的特色。

"理性"的实际内容是感性的自然:在哲学上,法国人是从英国经验主义自然哲学家那儿获得启蒙的,特别是牛顿、培根、霍布斯、洛克等人。其基本的哲学道理似乎再简单不过了:人的一切经验和观念都来自对外部世界的感觉,不是天赋的或上帝赐予的——这一基本原则对近代认识论和科学的发展起了巨大的推动作用。但是,当法国人接过这个哲学命题时,却使它改变了形状。如果就单纯分析纯粹哲学意义上的经验论本身而言,18世纪的法国人对此贡献甚微,几乎就是对洛克等人话语的重述——但是,正是在不自觉的重复过程中,赋予它法国启蒙风格:在更多时候,"经验"不是自然科学含义上的,不是归纳逻辑公理。反之,经验变形为情感或体验。不是"乏味"的、不分性别的"我们"的经验,而是个体的"我"的感受。于是,在正统的哲学史发展过程中,分神的法国人走了一条岔路,并把它推至极端,一直到我们现在的世纪。启蒙思想家不是"哲学家",而是一些多才多艺的文人。自由、平等、博爱的口号是以个人切身感受为基础的,他们相信理当如此,那些是无需推论的自然权利(法),因此只是信念。以通常被认为最理性的狄德罗和孔狄亚克而论:前者最有哲学启发性的著作应该是几篇杜撰的与达朗贝尔的对话,以及《拉摩的侄儿》(也是对话文体)。对话中狄德罗在想弄清楚概念的起源问题时,借助的竟是他所擅长的想象力,他凭借荒唐古怪的念头阐述深刻的哲学思想:荒唐而大胆的唯物论,他断定物质的纤维也有感觉。他说:"我们说的话始终不是落在感觉的后面,就是落在感觉以外。"①这就意味着,我们没有说出感受到的东西,感受到的东西是不可说的。又是谵妄的唯物论,那个疯癫而智慧的拉摩侄儿的话,竟然启发过黑格尔、马克思、阿多诺等众多哲学家的灵感!而孔狄亚克作为那个时代最标准的法国哲学家,他在著名的《论人类知识起源》中,论述最多的却是人的记忆(第一部分)、想象和热情(第二部分:关于语言的起源)。所有这些,均明显区别于洛克的"白板"理论。

之所以说"理性"不是思辨的,还在于它意味着

---

① 转引自《十八世纪法国哲学》,北京大学哲学系外国哲学史教研室编译,商务印书馆1979年版,第411页。

"合理性",由它增补出一系列字眼:公正、平等(与"宽容"甚至"自由"概念交叉)等等。这些概念之所以不是思辨的,是因为在法国人眼里它们象征着活动与事件,就是说,一切启蒙著作都是鞭挞蒙昧或专制制度的不合理。论战、查禁、流亡、入狱、革命等等构成了这些事件。"合理性"还意味着,人们的身份或出身不应该成为判断人的品德与才能的标准:人是生而平等自由的,尽管无时不在枷锁之中。几乎每个启蒙学者都对社会与国家起源、政治制度向着合理性变革感到兴趣。卢梭在《忏悔录》中坦言,在他的各种著作中,他思索最久、最感兴趣、愿意终生从事并相信会给自己带来盛名的,就是计划中要写的《政治制度论》(即《社会契约论》)。"合理性"的主张直接表现为政治体制改革的各种纲领,以至西哀士在法国大革命期间第一次提出了"社会科学"的概念:其本来含义是,能像数学和经验科学那样规范人的社会行为,使之达到最大限度的合理性。诸如把数学上的概率论用于政治选举等等。"合理性"意义上的理性主张终于走到了哲学之外,以至后来演绎出种类繁多的社会科学。

　　同时,我们不要忽视以上"理性"的目的:它服务于人们快乐的情趣,实现人的幸福。就是说,"理性"是心或心情的问题,人心的信念,相信理当如此,从而与道德观念密不可分。但这里指的不是旧的人心或道德,而是把后者从陈旧的内心动作中解放出来,所以它又涉及精神自由问题。在启蒙的概念中,"精神"是"心情"的规则,诸如孟德斯鸠"法"的精神。这些规则构造幸福观念的合理性。我们把这样的"理性"归结为"心情哲学"。这种以心情为基础的合理性与康德的道德义务观念显然不同：前者重心在感性的幸福生活，只有体验到快乐，才是幸福的，它把服从"自然的秩序"理解为众多情趣之一；后者停留在本体论意义上的"应当"，而与心情的纤细变化无关，所以枯燥。

在启蒙时代，"自然"是"理性"的同一词。又与"理性"一样，"自然"也包含多重含义，甚至自相矛盾。例如：它指原来就有的东西。在卢梭那里，则指没有被疏远或异化的东西，与后来的社会习俗无关，后者只是第二天性，是派生的。但是卢梭是批判哲学理性的。但是在更多的时候，启蒙学者把"理性"看作人身上与生俱来的，自发的东西。但是，当"理性"与科学的合理性或知识连接起来时，却是理智意义上的。这时，特别在政治上，"理性"意味着"代表"或间接性、社会契约之类。是社会的自由而非天然的自由，即卢梭所谓"异化"的东西。

人：文艺复兴提出的口号是：我是人，人所具有的一切我无所不有！这显然是以人性对抗神性，这已经是启蒙，但是，这个口号主要限于一种意愿。人仍然不是赤裸的——不是指油画中的裸，而是科学意义上的"裸"：只有到了17世纪之后，随着地理上的新发现，最早的人种学和人类学建立起来，再加上人体解剖学的进展等等，在宏观和微观上大大开拓了人们认识自身、认识历史的眼界。人文主义终于渐渐发展为一门近现代意义上的科学，即所谓"人的科学"：从自然性或事实性出发解释人、人的社会和历史。

伏尔泰最重要的学术贡献也许是在历史领域。他写了许多重要的历史著作，特别是《论风俗》，其副标题是"论民族精神及历史的主要事实"。这是一部划时代的经典,它在西方学术史上有两个"第一":第一次把历史描写为人自身的历史,而不是神支配的历史。伏尔泰记述了他的世纪所能知道的人类不同种族的民族精神、风俗习惯、制度宗教、行为方式等等。这种历史观仍在支配很多现代的历史著作。特别是,他描述人类历史的眼光与后来西方很多历史学家不同,即不是"西方人种中心论",相反,他认为在风俗制度文化诸方面,中国比欧洲更先进,启蒙的欧洲应该借鉴中国。伏尔泰所谓"风俗"指人的精神或诚实的人,他以这样的线索对抗全书的另一线索,即宗教迷信、狂热、不宽容之类;基于这样的立场,伏尔泰第一次提出"历史哲学"概念,其含义仍然是与"历史神学"相对抗的:这里的"哲学"当然是18世纪法国启蒙运动的意义(如上所述,是人的"理性"活动的历史)。这样的历史观区别于黑格尔的历史哲学观,却接近于马克思,因为伏尔泰描述的不是观念的历史,也不是帝王将相的历史,而是人(民)的历史。他全景式地展现了文明的不同发展阶段,包含了手工业、商业、艺术等等。《论风俗》更像世界史,而不仅仅是欧洲的历史。

法国自然哲学家布封在其代表作《论人》中,提出了"人类学"和"人种学"概念。他把人类作为动物中的一个种类,分析了不同的人种。在他那里,一个动物的历史不是个体的历史,而是这种动物种类的历史。人类学也是这样,要观察不同人种的出生、发育、青春期、结婚、分娩、教育、饮食、居住、风俗等等,区分它们的相同点和不同点,这样的描述注意某种自然原因产生的自然效果,布封把这样的一般性效果看成真正的自然法则。这样描述的性质是孔德后来所谓实证意义上的,它排除了先验的形而上学观念。与卢梭不同,布封人类学研究的基点是拒绝对人类社会起源做出假设,他只利用大自然向他提供的观察素材。布封指出,在不同的气候条件下,人类个体之间的差别由三个基本特征表现出来:"首先是颜色的差别;然后是形状和大小的差别;最后是'自然'的差别。"① 颜色指头发、眼睛、皮肤的颜色;形状与大小指身体比例、脸型等;"自然"指的则是风俗习惯、生活方式、饮食、嗜好、居住、性的关系。在这三种差别中,布封认为最实质性的是风俗的差别,不是自然身体的差别。

与布封的著作比较,拉美特利的《人是机器》的重要性在于对人性或道德的传统观念提出挑战。它的要害,是从物质性的身体出发,对包括精神性活动在内的人的一切活动做出解释。身体不听精神的摆布而自己活动。循着这样的线索,不仅神的地位,而且心灵的地位都岌岌可危。精神就居住在人的身体里,身体的活动就是精神的活动,这不啻于该领域的强烈地震。在他看来,人和动物一样都是一架有冲动(发条)的机器(身体性)。身体的哲学把传统哲学概念粉碎了,再用放大镜照着身体一个部位一个部位地看。它拒绝抽象地讨论问题,因为它不是一般意义上的哲学,而是医学哲学、生理学哲学(在萨德那里则导致了后来的性心理学、精神病哲学等等)。从这里引出 18 世纪法国"一种"唯物主义和无神论的危险结论,它断言身体的享乐和放荡是合情合理的。按照人—机器的观点,如果身体有病,精神就一定有病。当人生病或身体的欲

---

① 布封(Buffen):《论人》,马斯佩罗出版社 1971 年版,第 18 页。

望得不到满足时,就不快活,因此,人的身体感官(食物、性、娱乐等)能否满足,是健康与否的重要标志。快乐或幸福首先是满足身体需求而产生的陶醉。幸福不是心理的幸福,而是身体的快活,于是,思想就被挤到几乎不值一提的地位:"我的心灵经常显示的并不是思想,而是能动性和感受性;不管笛卡尔派怎么说,思想对于心灵只不过是偶然的东西。"① 就是说,精神体系的哲学是不合时宜的。

Libertin:这个法文词有两个基本含义,即不信神与放荡,又与字型和发音相近的另一个启蒙字眼 Liberté(自由)关系密切。坦率地说,libertin 与身体性和性行为有密切关系,它是 18 世纪人们幸福感之一种,即身体的快乐。它区别于康德意义上的观念理性,后者剔除了偶然性情感性因素,更不包含身体的含义。应该说,libertin 是那个历史时期的时尚之一,或称一种新风俗,这两个词义用一个比较恰当的词表达,即 libertin 是一种时代情趣(gout),它以赤裸的反对基督教的形式出现,是一种真正的诉诸行为的无神论。其断续的念头在早期启蒙学者中就有所表达:蒙田绝不排斥身体的快乐;孟德斯鸠断言,心灵安放在身体里,就像蜘蛛在它的网上。心理的快乐次于身体的快乐。快乐的首要因素不是健全的精神,而是健康的身体——一架生理学意义上的正常运转的机器。从这里可以推出拉美特利和萨德"非道德化的唯物主义":精神就是精力,精力是人的原动力,是物质性的活力和力量,它决

---

① 拉美特利:《心灵的自然史》,参见《十八世纪法国哲学》,北京大学哲学系外国哲学史教研室编译,商务印书馆 1979 年版,第 216 页。

定了身体"发条"的弹力。拉美特利认为，人是一架如此复杂的机器，我们不可能对它形成清晰明确的观念。就是说，身体在暗处，它的举止是非理性的，是理性看不见的，无法加以解释。这观点显然对抗以往以先验观念解释人的形而上学。它的要害，是从物质性的身体出发，对包括精神性活动在内的人的一切活动做出解释。身体不听精神的摆布而自己活动。循着这样的线索，不仅神的地位，而且心灵的地位都岌岌可危。精神就居住在人的身体里，身体的活动就是精神的活动。

启蒙时代的道德有两条线索，或者来自于社会，或者来自于自然。拉美特利支持后者，他试图说明，所谓社会的道德良心是建立在先验的假设基础之上的，这与"人是后验的"机器之立场不符：从自然出发解释人的道德是快乐的道德，精神和身体的快感标志着对生命的爱。唯物主义和道德上的享乐主义在这里是一致的。我们特别注意到，对拉美特利而言，良心的责备或者内疚等意识活动是取自社会的道德规范，是一种不值得鼓励的虚假感情，因为它预先假定了人人都应该在道德上如何。我们的经验也向我们表明内疚是一种无用的感情，它无力制止和预防恶行；内疚的心理又使我们胆战心惊，使我们时刻为某种难以解释的道德责任检讨自己的行为，内疚所管束和吓跑的只是老实人。

"人是机器"是18世纪法国"唯物主义"这个词的萌初形态。教科书中对"唯物主义"却做了一种形而上学的理解，因为它忽视了"唯物主义"的差异，把它归结为毫无意义的抽象定义。事实上，唯物主义的话语是特殊的、异质的：从德谟克利特、卢克莱修到霍布斯……17—18世纪法国唯物主义的形式是不信神和放荡(libertin),"人是机器"就是 libertin 话语的浓缩。事实上,在 18 世纪的法国,并不存在唯物主义的理论,而一旦人们有意使它成为这样的理论,它则立即加入了形而上学的行列。"唯物主义"只是个微不足道的名称,组成它的是完全不同的人。比如更接近拉美特利的不是马克思和列宁,而是萨德、弗洛伊德、德勒兹等等。"人是机器"是怎样的唯物主义啊——至少从字面上看,没有心灵、没有理性、没有道德、没有差别、没有礼仪、没有风俗——并不是真的没有,而是视而不见,只有身体,只有物质:植物、动物、机器——于是只剩下形体、面貌、动作。这就敞开了身体感受性的闸门,让人快活的空间,而道德、风俗、政治法律等等只有在保证人幸福的条件下才是有意义的,否则它们就什么都不是。这是 18 世纪的伊壁鸠鲁主义!人的本性就是享受快乐。而到了萨德那里,传授使身体快乐的技巧就是教授无神论和唯物主义。在拉美特利眼里,原始语言也就是快乐的语言,而快乐则是他写作的重要动机。有许多的快乐向未知的灵魂敞开,这是一个感性的灵魂。快活,就是拉美特利的道德,它应该像一个影子一样与我们形影不离。这是一种纯粹的快乐。它有些理想化了,因为它像躲着瘟神一样逃避烦恼焦虑乏味——这些是残忍、恶,因为它们使我们痛苦。所以我们也可以说,机器—人的快乐也像是一个傻子或疯子的快乐。但是萨德却更深刻,所谓萨德主义是在恶或痛苦(其中包含了残暴)中体会快乐,快活本身就是痛,如同痛苦无时不陪伴我们一样。形而上学家只看到思考的方式,拉美特利却否认思考的幸福,他告诉我们,身体展示自己的各种不同方式才是最要紧的。

当拉美特利把"思想"、"体系"、"政治"、"道德"、"宗教"之类从哲学中驱除出去时,他竟然说哲学留给我们幸福,没有被逐之物的幸福,就像古代希腊的犬儒主义者(cynique,这个词还意味着厚颜无耻)不知道脸红和内疚的幸福,沉醉于 la volupté(身体的快感),这也是伊壁鸠鲁主义的一个关键词,我们从中也可以体验拉氏所谓 libertin 和感性的本来之义。进一步说,身体厚颜无耻,内疚是心灵的事,所以也在排除之列。人越是不用心,就越是平静,就越容易幸福——身体而非心灵的幸福。没有恐惧,没有愿望,就像古希腊著名怀疑论者皮浪所谓遭遇惊涛骇浪的海船上那头无动于衷的小猪一样。又有斯多葛主义,提倡完全顺应自然的生活。所有这些倾向,也可以说是向自然的还原,剔除多余的奢侈物(心灵的增生之物):不必要的多虑、脸红、内疚、害怕乃至恐惧等等,于是无所畏惧。

Remords——内疚、悔恨、良心的责备,由它可以导致另一类伦理学,它告诉我们一些天然的道德命令:有些行为是不能做的,因为它天生为恶;有些则是道德义务,因为它天生为善。如果做了不应该做的事,或者应该做的而没有做,就要感到内疚,受良心的责备。这是心灵的力量,或者说是形而上的力量。但是拉美特利却认为内疚感是幸福的巨大障碍。在拉氏看来,内疚感是幸福的一个重要敌人。这里已经涉及到启蒙世纪的伦理学:幸福是自相矛盾的感觉,身体的快活(纵欲、出神、陶醉)和心灵的内疚之间的冲突始终存在着。内疚、焦虑不安、忧郁、苦闷、平淡无聊感是另一组相似词——它们在快活愉快停顿时立刻滋生出来,驱使人们寻找新的快活。这似乎为永无止境的循环,它昭示着幸福是建立在痛苦之上的——但是拉美特利并不这样看,他简单地逃避内疚,就像它不曾存在一样:"内疚只是一种令人不快的模糊记忆,一种复原痛苦的古老感觉习惯。也可以说,内疚是新生的痕迹。结果就形成了一种古老的偏见:快感和热情不能消除痛苦,以致于内疚感迟早会苏醒过来。内疚是人所携带的最大敌人,到处与他形影不离。"①

拉美特利与萨德之间有天然的关联,但是研究者的目光却极少注意这种关联,只是从道德上对萨德义愤填膺,逃避、不敢、不愿意承认萨德的思想是18世纪整个唯物主义谱系中的一支,即其中的自然主义倾向(这又与霍尔巴赫有关,参见他《自然的体系》)。萨德主义从唯物主义者那里借用了自然和物理的概念并把它们用到人的身体上。

身体的快活是"最庸俗"的快乐,像犬儒一样任性(人性,一个谐音)的欲望,它嘲笑所有抽象的东西(知识,它是对自然的增补)。在这样的意义上,人忧伤和困惑,是因为人有文化,因此才有古希腊第欧根尼学派"像狗一样快活"的说法。真正快活的人是个傻人、疯子,他在文明社会中没有位置。人离开动物界越远,离原始的热情也就越远。

实际上萨德在这里提出了一个尖锐问题,违背道德——18世纪的道德是什么呢?当然不仅是18世纪,道德具有一般性。在《小客厅中的哲学》中,萨德

---

① 拉美特利(La Mettrie):《论幸福》,参见《18世纪唯物主义者》,帕约-里瓦戈出版社1996年版,第102页。

借用圣安格夫人的弟弟勒舍瓦利耶之口对少女欧仁妮说:羞耻害臊是旧的道德。欧仁妮:但是端庄呢?勒舍瓦利耶:那是另一种哥特式的习惯,现在已经很少有了,因为它太违反自然。① 就是说,不顾廉耻不再是一种缺陷,老实人不再值得效仿(老实＝在道德上守旧)。由于无论在东方还是西方,旧道德主要是针对妇女的,女性在对待羞耻和端庄问题上的态度是一个社会道德风气的重要标志。总之,恶是自然的,恶的暴露只是人的自然性的暴露,知耻知羞端庄则是道德或文明的表现。

尚杰讲

狄德罗

狄德罗的哲理小说《拉摩的侄儿》则揭示当时人们精神中"哲学家式的放荡",它以为社会所不容的恶的形式出现。拉摩的举止和心事都表明他是一个"最奇怪的人",一个"疯子":"他是高贵与卑贱、神志清醒与荒诞的混合物,他脑海中正当与不正当的念头奇特地缠绕在一起,因为他真实地表现出自然所赋予他的优良品质,但是也不知廉耻地表露他所接受的恶。"②他的举止就像一个动物,或第欧根尼描述的古代犬儒主义者,有一张厚脸皮。他的性格与别人截然不同。教育、社会习俗、习惯的礼节所导致的那些整齐划一,与拉摩毫不相干。拉摩也是一个启蒙者,他也放荡并且不信教,只说疯话。

微妙精神:这个词来源于帕斯卡尔《思想录》。微妙精神即"l'esprit de finesse"(finesse 有诡计、手段、微

---

① 萨德(Sade):《小客厅里的哲学》,国际图书出版社1994年版,第24页。

② 狄德罗(Dedis Diderot):《拉摩的侄儿》,利比奥出版社1995年版,第8页。

妙、奥妙、精巧、敏感、纤细等等含义)。他试图用这个词与"几何学的逻辑精神"区别开来。在这方面,18世纪最为典型的代表是卢梭和狄德罗。卢梭在《忏悔录》中,特别是在《一个孤独漫步者的遐思》第五部分中,有对"微妙精神"的精彩描述,这是以他内心独白的形式出现的——卢梭晚年在一个孤岛上,每天独自漫步在几乎荒无人烟的小道上,过着与世隔绝的生活,周围的环境就像是经历了胡塞尔的现象学还原。卢梭认为这种状态是幸福的,因为心灵可以在不受任何干扰的情况下收集思绪中的一切:"时间状态再也不存在了,永远呈现为现在、此刻,没有任何绵延和持续的迹象。"①记忆和渴望都是当下"感情的存在"——一种吐露,在这里,时间是变了形状的,即各种相互矛盾的心情并不是随着时间秩序先后涌现出来,而是同时并列涌现出来,且顺序是混乱的、莫名其妙的。简言之,沉醉(这显然与 libertin 式的"沉醉"不同,其差别在于是否拥抱一个真实对象本身),遗忘了时间,就好像意境呈现于虚无似的。这里所谓"虚无"就是精神的绝对休息状态,在这样的境遇下寻觅"存在的感情变化"。这是关于语词的梦,因为那些感情是原先从来没有的,要想揭示出来,必须创造新词。就像先把世俗之人融化了,再从中出来一个本来不存在的新人;就像心灵不在原来的身体中似的,因为后者不再是一个承载物(这与以上 libertin 的判断恰好相反)。这时,生命的运动就是精神的运动,而后者却是突如其来的,难

---

① 卢梭(Rousseau):《一个孤独漫步者的遐思》之五,普雷伊阿德出版社,第701页。

以确定方向的,不连续的,让人目眩的。承载的是一个冒失而毫无准备的心灵。这当然不是"明"而是"暗",是返回内心的神秘状态,但重要的是,这些内心状态可能是人类未曾描述过的。卢梭喜欢安坐在湖边,因为心的节奏与水的波动彼此不分,一个惬意的梦境很可能就这样编织出来。这情景就不是理智的,而像是20世纪初期普鲁斯特的《追忆似水年华》(另一个译名:《寻找失去的时间》)。这些都是一些相当混沌的情感:"睹水"生出的"情"可以是颜色、听觉甚至记忆中的味觉。这就是以上我们所谓毫无准备、处于休息状态的心灵突然经历的变化。① 这种状态与人心(感官或感觉主义,亦即20世纪初现象学鼻祖胡塞尔称之为"心理主义"的立场)隔绝了关系,是一种与世俗状态相隔离的异域,又有些像法国当代文学评论家罗兰·巴特和哲学家福柯所谓"作者"或"人"——"死了",因为涌出的东西不来自"我思",故我不在。沉醉是无思或无私的出神状态,它有强度和方向的变化。我们在理解现象学之意向与心理主义之间的差异过程中,始终感到疑惑而不知其所云。其实同样的心理也存在于卢梭与另一个启蒙思想学家布封的著作中:后者说,"一个人的观念越多,就越能确信自己的存在"(有些

---

① 卢梭这样说:"当夜晚来临,我走下小岛的顶坡,有意坐在湖边……那里有隐约的声响,水在搅动,吸引了我的注意,萦绕着我的心灵激荡在别一方向,延伸在一个纤细的梦幻中。那呈现了一个令我震惊的夜,而我从前从未曾感受它。流水绵延,拍浪声不绝于耳,但这声音因间隔而膨胀凹陷,连续刺激我的耳朵眼睛……这足以使我怀着快乐心情感到它,而不必用心思考。"卢梭(Rousseau):《一个孤独漫步者的遐思》之五,普雷伊阿德出版社,第700页。

像笛卡尔的"我思,故我在")①;但是,在卢梭那里,情形恰恰相反:一个人的观念越少,就越是接近于纯粹感情状态的"存在":心灵的空寂或悬隔状态,不依赖世俗,等于尚没有被占据或入侵,卢梭这里也有近代以来现象学的神秘渴望:由于性灵处在没有被破坏的天真状态,所以一切感受都是新鲜的,总是从头开始。

所谓纤细精神,不是因思而在,而是因情而在,从而与思隔离。这里的"情"当是哲学性质的:面对现象的世界,心灵可以无限地"变形"(可塑性),随着体验的更新,感受和周围对象的变换,意识可以不停地变化。"情"在这些变化中是安全的,感到惬意,因为在彻底休息了的精神中,令人焦虑的空间是不存在的,因为精神经历了隔离,转变了注意力的方向。② 对应每一处风景的心理状态是难以琢磨的,因为对象的真实存在与否和心情无关,于是精神分裂为二。拉蒙就曾经纤细地描述了怎样使心境归于平静的技术,就像重新回到了黑夜(自然之母、胚胎状态)。心与物的关系是极微妙的,某种外物的刺激作用能把某一当下的感觉推向极致:某种芳香就像有魔力,能唤醒和导致睡眠。拉蒙在《香味与记忆》中有一段绝妙的话,他觉察

---

① 布封:《论动物》,《布封全集》21卷,第299—300页,索尼倪出版社。

② 当时一位园艺学家这样记载他的感受:"草坪、细草、青苔、溪水、不同场所的放牧人,所有这些因素都用来注满并变化空间位置和虚空。此外,延伸的目光需要努力减轻自己的负担,它只爱恋细草和流水的绿颜色。"参见瓦特莱(Watelet):《论园林》(1774),转引自莫齐(Robert.Mauzi):《18世纪法国文学与哲学中的幸福观念》,米歇尔出版社1994年版,第315—316页。

到芳香和记忆在神秘处相投或相似。① 椴树的香味能承载并且唤醒一个记忆的世界,而这个香味,在卢梭那里是长春花,在波德莱尔那里是旧瓶子,在普鲁斯特那里则是小甜饼。这里有我们以上所谓"沉醉"——其含义是忘我,因为心与物的接通路途是自我意识无论如何也料想不到的,从而使这种"微妙精神"充满着大自然的神秘性。随着心与思关系的折断,香味不再是那个与五官联系的"我"的感觉(不是唯物主义反映论或"反应论"),因为那滋味变得陌生,并且越走越远。那不能确定的神秘理智使人体验了"共—存"的心情,如此的复杂极大地开拓了精神空间与时间的纬度,使今与夕、此与彼等等混淆一起,像连环着的神秘、来自透明的晦暗,由于躲在此地是安全的,故名之神。又像是划破心灵黑暗的闪电——启蒙,唤起久藏甚至终生无缘体会的情感,接通毫不搭界的因素,它不再是任何

---

① "我离开湍流和哗啦啦的波涛,为了去呼吸山谷里的空气和它微妙的芬香。我缓慢地上坡下坡,寻找这份感觉,正是芳香突然唤醒了我对往事的回忆……紫色的香气滋润着沉醉于好几个春光的心灵,我不知道自己生命中还有比体味开花的椴树更甜美的时刻,但我分明有感情的纤维久久且平静地震荡,它激动起深沉不醒的记忆,连接那些曾经最美好的时光。我在自己的心与思之间,寻觅到某种遮蔽物,这层薄纱也许对我来说是甜蜜的,也可能激起忧愁。在这样模糊的梦和邻近忧伤的东西中我是快活的,忧伤激发了往日的景象。我倾听自然的幻象,它是从一种不由自主的运动自然而然生出来的,驱使我来到不同的时间和滋生记忆中的事实。我不再独处这荒郊野地,在我与这荒野之间,蹦出某种神秘的、无法确定的理智;一个人在湍流岸边,在蓝天之下,那天穹曾经目睹所有时代的流逝……我入神地献身于这如此味甜的安全之中,委身于这深刻的共—存感中……不可见的手,分发生命中那些甜蜜的时刻,好像沙漠中的朵朵鲜花,那样的时刻对旅行者是无法兑现的,但却使焦虑的心情得到平息,倾听的心有自然与快乐相伴……"拉蒙(Ramond):《在皮勒内地区旅行》,转引自莫齐:《18 世纪法国文学与哲学中的幸福观念》,米歇尔出版社 1994 年版,第 316—317 页,注释 5。

意义上的记忆,而是创造出本来没有的感情。

"在黑暗中,光线好像在点燃与熄灭中间隙闪烁"——狄德罗如此谈及自己面对大自然的感受:"我的想象力受神秘关系的支配,把我暴露在这晦暗的环境下。例如多尔瓦尔(狄德罗的朋友、诗人),我见他熬夜不休,搬动他的热情……他比我先到,我靠近他,他没有察觉。只见他全身心于自然景观,胸口起伏,呼吸有力,目光死盯着各类物象。我从他的面孔中见到了他在体验不同印象,于是我与他一起分享……"①这是陶醉于自然的情景,其神秘状态有如道家深不可测的面相,②其超凡脱俗之状令人震惊。这里言不尽意,只令人着迷,智慧的形状顺着自然蕴含着所有未来变化,从而意味无穷。这些,非观念语言可以概括。

"微妙精神"中有古希腊哲学家伊壁鸠鲁一样的幸福:灵魂处于无俗世干扰的休息状态,精神在这里获得完全自由,在逃避纷乱中体会真实的生命,是一种享受精神生活的技巧,它与中世纪以来基督教的精神禁欲形成鲜明对照。

一种更具智慧,对后来的哲学史起了巨大作用的"微妙精神"在卢梭那里,被赋予一个简单的法语词汇,这个词就是 aliénation——它是一个韵味十足的哲学词汇,启迪卢梭开启智慧之门的方法:意味着疏远、

---

① 狄德罗:《多尔瓦尔与我》,参见《狄德罗全集》第7卷,第102—103页,阿塞扎-图奈出版社。
② 庄子《应帝王》中的壶子让一个所谓的神巫相面,壶子的面相每次都不相同。神巫只凭壶子显露的容貌,先对壶子的弟子列子说,你师傅要死了,殊不知壶子将内在生机藏而不露;壶子稍显生机,神巫又说有救了;待到壶子显示阴阳二气调和之状,平和而不动声色,似深邃之渊,结果只演示"渊状"(虚无之态)的九分之三,神巫就吓跑了。

让与、增补、(精神)错乱、异化、奴役等等——所有这些,都是"疏远"的效应。疏远什么呢?疏远自然状态和人本来的自然感情。文明的所有成果:教育、语言文字、音乐、政治、文学……都可以被视为对本来的自然状态的"增补",是一堆"腐化堕落"或束缚人类天然自由的东西。这是一些"危险的增补性",因为只要迷恋上它,就会成癖,就像卢梭那样,只迷恋华伦夫人不在时那张勾起他无穷遐想的床,而没有能力拥抱美丽的华伦夫人本身。而卢梭那本脍炙人口的爱情小说《新爱洛漪丝》,则是一部典型的心理异化(或分裂)作品。"异化"的根本道理是:进步的同时也是退步,这启发了黑格尔的"扬弃"概念和马克思的"科学社会主义"。

作为启蒙时代的一种普遍情趣(gout),"微妙精神"与以上我们所谓 libertin 精神是相反相成的:两者都是快乐(plasires),一个在身体,一个在情感;一个入世,一个出世;两者都是幸福,而又是完全不同的幸福。无论是哪一种幸福,都区别于与它同时代的康德的道德形而上学。康德是德国启蒙运动的主将,但那是多么不同的启蒙景象啊!康德推崇"纯粹理性",而"纯粹"理性抓住的只是观念,而不是生动活泼的幸福,因为康德的道德观逃避这样的幸福,因为这样的幸福缺乏统一的理性尺度。于是,康德"善的绝对命令"没有色彩、形状、趣味。

"微妙精神"还表现在被哲学史遗忘了的一本小说——狄德罗的《定命论者雅克和他的主人》中,其中孕育着现代文学与哲学精神,从而具有走出 18 世纪启蒙话语的可能性。

情趣与快乐:情趣(Gout)—— 这个词的含义还有

滋味、欲望、鉴赏、兴致、癖好等等,我们这里特指有关精神和精神产品的快乐(Plasires)。能拥有这样情趣的人是有品位的表现。一个人的情趣越多,精神世界越丰富,就越快乐。情趣,集中体现在对奢华和美的兴致,喜欢多样性。狄德罗认为,如果奢华不是被用于压迫人而是为了人的快乐,它就是合理的。例如,获得财富不是通往权力的手段,而是获得快乐的途径。他撰写的有关画论的系列文章称得上18世纪社会艺术欣赏情趣的典范,其中《1767年沙龙》中有这样一段:"尽可能完美地培育我们的世界,使它的产品各个不同,丰富多彩,其异样性越多,就越能形成富贵奢华:因为如果人们并不吃金子,如果它并不能使快乐多样化或者不确定地过渡到诗歌、绘画、雕塑、音乐、水晶玻璃、挂毯、帷幔、镀金、瓷器,那它能用来做什么呢?"① 换句话说,财富只是满足各种情趣的手段,财富越多,其拥有的潜在兴致就越多:花园、宫殿、美酒、佳人……如此而已!所有这些,绝大多数都是文化产品。爱奢华,有情调,实际上就是对快乐本身的热爱。爱快乐是启蒙世纪一种最为持久的时尚,人们活动的一个最普遍动机。人们相信这样的普遍原则:人是为快乐而存在的,因此,不快乐的人等于没有生活过的人,或不存在的人。一个令人不快的世界是一个死寂的世界,窒息生命的世界。

应该注意,快乐敞开的是热情。支配启蒙思想家的,是一个个热情洋溢的性灵:可是观其情形,仍有

---

① 转引自莫齐:《18世纪法国文学与哲学中的幸福观念》,米歇尔出版社1994年版,第158页。

很大不同——好像没有谁比卢梭更呼唤心底热情的了，但他只诉诸自然的热情，他在《致达朗贝尔的信》中争论说，奢华或矫揉造作是热情的堕落或疏远了本来的热情，就像演员一样虚伪的摹仿和貌似热情其实内心冷酷无情的表演，是一种无聊的快乐。卢梭虽独树一帜，但他的看法本身，也揭示了我们以上所谓快乐或者热情的多样性。我们应该记住，奢华的快乐是要以财富为基础的，伏尔泰是富豪，所以决不拒绝奢华之乐；就此而言，伏尔泰与卢梭的冲突是自然而然的：卢梭是平民，只拥有天然的精神自由。但是，我们不得不承认，快乐对精神刺激的强度，要远远小于痛苦，因此快乐不能生出深刻的哲学：卢梭没有伏尔泰那么多闲暇，写出篇帙浩繁的文字，他得用更多的时间靠抄写乐谱养活自己，但只要有空，他就能轻松地写出惊世骇俗之文，除了他是天才以外，全因为他的内心苦难。

但启蒙时代更一般的情形是，那些呼吁快乐的文人，是"与时俱进"、追求奢华之情趣的，财富能带来快乐或幸福！？有谁能像卢梭一样清醒，狄德罗主编的《百科全书》的"快乐"（Plaisire）词条称，快乐是一种能带给我们幸福的心理感情。但是，这个判断并不精确，因为幸福与快乐有时间上的差异：幸福是一种更持久均衡的心理状态，与快乐或快活相比，幸福更不依赖于真正拥抱一个物质对象（金子或者财富，或像卢梭所言，一个美人本身）；反之，虽然拥有这些对象本身的快活在强度上超过幸福，但并非等同于幸福，因为前者是短暂的，有条件的。有生活经验的人都知道，两个或多个快活之间通常是不连续的，其间通常塞满焦虑和无聊,从而走到了快乐的反面;而真的幸福不依赖外部条件,因为它只是"心动的方向性",比如卢梭的方向。

启蒙世纪的一个功绩是,它决不排斥快乐的多样性,即使它们可能是一些超出传统习俗的举止。乐趣既可以是简单的、适度的或节制的,也可以是复杂的,放纵的。混杂或精致的快乐,就像我们以上分析的微妙精神一样。多样性的快乐:比如消遣(不是笛卡尔的沉思)被当作对抗焦虑与无聊的有效手段,走出自我,参加社交活动、谈话、沙龙、戏剧……聪明的做法不是遏制快乐,而是变化快乐,实现它的多重性。当我们说到孟德斯鸠时,多数人只是想到他的《论法的精神》,而他的消遣甚至放荡之作《波斯人信札》竟然在不经意间成为经典之作,其原因就在于它定格了时代情趣之变革。

反对基督教只是追求快乐的人们的一个副产品,因为宗教限制人们的快乐,不恰当地规范了人们的行为界限。在这个过程中,渐渐确立了法兰西民族求新求变的文化性格。快乐的生动性要有"力度",不枯燥、不摹仿,从而要求精神产品渗透异样的哲学精神或鉴赏方式。这里的"力度"一词也有"原创性"之义。不同的快乐样式或刺激感官、或精神、或心灵,从而使人体验多多。诉诸感官的如放荡之快感、巴洛克风格之绘画;诉诸精神的如做学问和交谈;诉诸心灵的如道德上的满足感。感性的快乐短暂而直接,容易过渡;理智的快乐呈现安详、从容、文雅的特点;道德带来的快乐使人高尚。同时,这些不同的快乐样式又是相互交叉的,呈现出复杂情形。同时,不同的快乐方式都涉及到"爱"。"爱"的因素分散在诸如"热情"、"情趣"、"新奇"之类概念中——与"爱"相比，这些概念是具体的，但是，倘若想知道这些"具体概念"的更具体含义，则有赖于其他更具体的概念。这是一个回溯生活世界的过程，与形而上学传统相反的过程。这即是18世纪法国人所谓"博爱"——广博之爱，不仅泛爱众人，且泛爱众物，它被冠以神圣的、与生俱来的"自然权利"。

具体就公众交往的精神产品而言，18世纪的法国人对戏剧（指歌剧与芭蕾舞剧）的爱好规模空前，据资料记载，从1700年至1789年，新创作的剧本有11500之众；①文化场所如雨后春笋般涌现：人们喜欢交谈，推崇说话的艺术——这是交往的情趣，其中的重要内容，是与哲学有关的情趣，其场所通常是沙龙（salons）和咖啡馆，而主持者通常都是女性（比如当时聚集最著名启蒙学者的沙龙就是霍尔巴赫夫人主办的），"这也很快导致了女性有与其丈夫不同的独立生活"。这也象征着早期的女性解放。毫无疑问，libertin风气的形成和漫延离不开女性参与，而道德解放之重要含义也是针对妇女的：她们亦有权利过自由的生活。咖啡馆的兴旺是因为人们喜欢到那里谈论新奇之事，启蒙学者也在那里得到写作灵感，但那里也培育出像"拉摩的侄儿"这样游手好闲之人。当时，全法国新建科学院有20余所，聚集在各个中心城市，专业科学家、文人队伍渐渐发展起来。报刊——这种大众媒体也发展

---

① 参见萨尔瓦多（P. Salvadori）：《16—18世纪法国的文化生活》，奥弗里斯出版社1999年版，第193页。

起来。①

焦虑:对内心消极成分的揭示也是一种启蒙,而且是一种容易被忽视了的启蒙。与快乐或快活相反,焦虑(inquiétudes)所含有的因素被当作心理中的"病态":精神上的不幸,伴随它的诸如苦恼、无聊、烦躁等等。与明朗的快乐相比较,焦虑是精神真正的不透明性,是"微妙精神"的真正秘密和变态:谵妄和无序加重了其想象中的恐惧,隐晦中藏着不安。毫无疑问,那是一个怀疑基督教的世纪,启蒙思想家们内部的论战并不妨碍他们或公开或隐蔽地冒犯神灵。有史以来,上帝从来没有受到如此严重的挑战。但是,最大的焦虑恰恰来自神的死亡:用什么来代替它,以达到不要神而又有同样的沉醉呢?艰难的精神生活不是宗教意义上的圆满而是缺失,一个不在场的东西是最难以琢磨的。狄德罗说:"我们存在,却是一个可怜的存在,冲突不休,焦虑不安。"②快乐有样式的区别,焦虑也是这样:忧郁、消沉、伤感、凄凉;与快乐不同,焦虑来自因缺失某种东西(比如传统道德观念的破灭)而在灵魂深处滋生的不安全感、虚无感(就此而言,萨特和加谬对人的"生存"或"荒谬"感的描述是对法国启蒙传统的一种增补)。与快乐相比,焦虑感更为复杂,比如它又生出厌倦、无聊、烦恼。帕斯卡尔曾说,人们寻欢作乐,只是为了忘却周围的真实生活。但是就像我们以上所述,快活有其强度的刺激,但是事实上人们的生活

---

① 参见萨尔瓦多(P. Salvadori):《16—18世纪法国的文化生活》,奥弗里斯出版社1999年版,第203—204页。18世纪法国比较有影响的报刊有《知识日报》、《赞成与反驳》、《新文学》等,同上书。

② 《狄德罗全集》,第14卷,第297页,阿塞扎-图奈出版社。

不可能由无休止的刺激组成。快活过后,往往是焦虑接踵而来。甚至快乐时刻本身就已经含有无聊的伤感。何谓"无聊":因内心之空虚而不快,正常心理停止工作之后常见的一种"变态",滋生心理障碍的一个温床,那导致另一种微妙精神的空间,比如从无聊到忧郁的延伸,以至于到精神痛苦——这是一个泥潭,因为它把所有心思都沉浸在一点上以至于无法自拔。这种情形也可以用卢梭的"疏远"概念加以分析:焦虑是自然感情的叠加,因而是超自然的。

但是,我们同时看到,精神的不幸是哲学智慧的主要源泉,智者有精神上的炼金术,他告诉人们,灵魂生来就是痛苦的,身体之乐只是苦中作乐。所以应该化动心为不动心,即化焦虑为心灵的安息。后一种判断,就是18世纪流行的古希腊哲学家伊壁鸠鲁式的道德判断。

精神的不幸又可导致哲学上的悲观主义,它承认人的痛苦是无可救药的(相类似的看法又见叔本华和尼采的哲学)。越是有智慧之人,精神上就越是不幸。天才因观念而不幸,他是人,但是如同尼采所说,他是一个超人。于是,人生是一场悲剧,人终于要面对自己的虚无、无底深渊。

快乐与不幸并不是人生中截然分开的两极世界,而是交替存在的人之命运,是同样的实在之两幅面孔——象征生与死的面孔。人生面对悲观主义与乐观主义之间的态度冲突。在生与死之间,入世与出世之间应如何抉择?卢梭的办法是在想象中逃避,在害羞中焦虑,宁可不去拥抱现实。

伏尔泰最流畅的作品应该是他的戏剧和哲学小

说：《查第格》中的查第格,在普通人看来,本应是一个幸福的人,他年轻、英俊、富有,品德高尚。但是他遭遇的一连串事件表明,他面临一个荒谬的世界(参见伏尔泰作品《查第格》的有关章节)——这里充满着对人生的悲观主义态度。简单说,查第格遭遇的人的精神和行为都是恶的,他抗争不过这样的命运。所谓"荒谬",就是无法为自己做主:查第格同样的品行在不同的场合有截然不同的效果,时而拯救他,时而使他坠入深渊。幸福几乎是不可能的,因为人间除了恶,就是一系列无法把握的偶然事件。查第格之所以终于承认他所面对的世界是荒谬的,还在于在他满怀信心去人间寻找幸福的经历之后,终于承认那些所谓普遍的正义不过是人们的伪装;同样的经历也发生在伏尔泰笔下的《老实人》中的"老实人"身上:在18世纪,启蒙哲学家都想当一个"老实人",一个本来样子的人。这与洛克的哲学有关:老实人有天真的品德,他的心肠是直率和简单的。老实人就像一张白纸一样单纯①,就是说他没有先入为主的观念。老实人在经历了生活世界的千辛万苦之后,最后的话是"要开拓你自己的家园":要指望你自己的劳动,既不能靠命运,也别指望他人真能拯救你。这个所谓"乐观主义"的结论隐藏着心理沧桑:我只守着自己的世界,与世无涉,以免痛苦焦虑——这已经带有无奈的乌托邦色彩。其实,伏尔泰这里所谓"开拓"是真实的体力劳动,而不是开拓思想,因为只要心思一动,便与痛苦、焦虑、无聊之类

---

① 老实人 Candide 一词来源于拉丁文"candidus",意为空白、洁净等。

相遇,于是就干脆不想。劳动是为了活着,而不是为了思想,这对哲学家是荒谬的,但对世界却是真实的。机械重复的劳动本身是无聊的,但不想就不会焦虑,没有思想的幸福。但是,另一种乌托邦呢?焦虑实际是一个形而上学性质的问题,而思想的基本倾向是隔离出一个普遍性的因素。但是,对于老实人来说,幸福的秘密却在于不思想。在卢梭那里,也存在着类似的情况,"老实"是回到人自身本来的样子,而疏远、异化或"不老实"则缘于渴望自己身外的东西:财富、名声、权势等等。因为这些增补性的东西离开了人本来的样子,从而是假的或堕落的,人越是社会化,就越假,从而也就越是堕落。

财富:在启蒙时代,财富渐渐变得比身份更有力量。新兴资产阶级,这个时代最有前途的那些人,带领全社会相信:钱真是一个好东西。人们首先重视自然财富,魁那等人创立的重农理论为古典政治经济学奠定了理论基础。在他们看来,劳动成为财富的一个重要来源,是衡量价值的基础。商品交易不过是一种劳动与另一种劳动相交换。也就是伏尔泰说的,每一个人,都要通过自己的劳动"开拓你自己的家园"。这表明,在劳动而不是地位面前人人平等。平等是一种以法的形式确立的人的经济权利要求。总之,财富意味着生活、力量、劳动、效率。我们不仅应该从经济角度理解平等概念的含义,也应该从同样的角度理解自由概念:自由贸易的要求与思想和政治自由是不可分割的。财富和商人成为社会新的时尚,一连串的事件都与它们有关:喜欢新奇事物、探险、旅行。追求财富和商业利益的过程中当然会有欺诈,但是就其整体利益来说，却倾向于要求秩序和坦率，就像马克思曾经说的，资产者要剥夺封建的伪装，重新制定社会的价值体系。

在以上我们对快乐的种种样式的分析中，并没有详细分析到，启蒙时代一种普遍的看法认为，快乐是财富带来的，以至于人们羡慕富人，认为他们是最幸福的人。快乐是财富的变化形态，启蒙泰斗伏尔泰公开颂扬财富，甚至说 Le riche est né pour beaucoup dépenser，我们略加引申地称它的含义是："挥霍生财富，积蓄生贫穷。"这个世纪的哲学家绝不拒绝财富，他们证明财富的力量！这是一个文明的事实，或者说，文明进步的一个标志。与中世纪骑士制度不一样，财富可以成为一种权力。心慕伏尔泰的德方夫人道出了原因："先生，您知道究竟是什么最能向我证明您精神之高贵，使我发现您是一个伟大的哲学家吗？这就是您正成为一个富人，所有那些关于在贫困状态下人是幸福的和自由的说法都是谎言，说这话的那些人都是疯子和傻子。"①简单的，却也是实用的判断。但是这却也道出了伏尔泰的文学作品以及整个18世纪法国文学在文学史上的地位不如19世纪的一个原因（但卢梭是一个例外）：浅薄！其道理如上所述，追求财富及其动因——追求快乐，而快乐对精神的刺激远远小于痛苦。18世纪的文学与哲学把这些追求普遍化，从而无意中抹杀了个体之间的差异。所谓浅薄，乃在于众口一词

---

① Madame du Deffand 1789 年 10 月 28 日致伏尔泰的信，转引自萨尔瓦多（P. Salvadori）:《16—18 世纪法国的文化生活》，奥弗里斯出版社 1999 年版，第 159 页。

的倾向性,而非"不是一种语言"。如果不谈对财富的迷恋,显然就是无视这个时代的历史。正是这样的动机和需求产生了相应的古典政治经济学理论和社会行为,产生了魁那、杜尔哥、孔多塞、亚当·斯密等启蒙学者。财富绝不是一个抽象的概念,通过这些学者的理论,奠定了现代经济学的基础。但当我们一般性地谈论它们时,很少顾及其追求快乐的动机,一种建立在劳动(不是思想)基础上的快乐的合理性。自由与平等的性质不仅是道德与政治的,更是经济的。在这样的意义上,马克思的"劳动价值论"属于整个启蒙时代的尾声,而这个时代并不承认财富是罪恶。这个时代只有卢梭是最清醒的,这有赖于他关于"疏远"的哲学智慧:财富带来的快乐会麻痹人的灵魂,使人分不清自然的快乐与堕落的快乐。这又导致了焦虑——它是人本身的一部分。在这方面卢梭的想象能力显然超过了伏尔泰,因为后者离财富太近了。反而言之,一切拥有财富本身的人,即使他原来有想象的天赋,也会在"物质的沉醉"中消磨殆尽。财富终于拯救不了灵魂,因为灵魂幸福的本意最终总与财富保持距离。换句话说,灵魂真正需要的东西并非取自财富。就此而言,富人并不比穷人拥有得更多,但穷人心中的乌托邦却是:如果我像富人那样有钱,该有多幸福!这是幸福观念本身的悲剧。

很难说"财富"只是经济学的概念,因为从哲学上看,"财富"是"拥有",引申卢梭的说法,拥有一个对象(如美人)本身,而"拥有"马上又是经济学的"占有"、"我的"、"私有财产"等等。"拥有"是本体论的,因为它是一个实在、真实。这与西方科学与艺术传统也是一致的,在艺术上,就是"裸"的传统,同时也是快乐的传统。本体论的"拥有"——美、精神与物质的财富——是"在场"的快乐,从而没有更多可值得回味的,只要"推出"就可以了。因此,一个时代经济越发达,精神越委靡和单调。

人权:自然权利、自由、平等:"自然权利"概念要建立一种符合正义的标准,它不是由强力指定的,而是从心底里萌发的,符合自然与人的本性的,就像牛顿的自然哲学一样,启蒙时代认为自然权利也是符合事物本性的,是不分人种、国家、时代的普遍观念。自由与平等的概念与"自然权利"密不可分。与"原罪"一样,自由与平等也是人与生俱来的东西,在法律上这个"东西"亦称作"权利":一种不受约束的自由意志,它不仅是精神上的,也是举止行为方面的——在这些方面,没有人可以强迫我做我不想做的事情。从哲学意义上分析,这又是一种本体论上的规定,康德从道德形而上学角度对此做了充分的阐述。简单地说,它是一种宗教一样的信念:即"我相信"。它是启蒙时代法或合法性的基础,是孟德斯鸠所谓"法的精神"或一般所谓法哲学原理的基础。按照这样的信念,人是生而自由的。具体说,也是选择的自由,人有权利按照自己的意志赞成或者反对自己喜欢或不喜欢的东西。这样的信念反对精神领域的不宽容,诉诸于信仰自由与言论自由。法国大革命的一个理由,就是专制制度剥夺了人这样的自然权利或意志,通过在人之外的强制性力量,迫使人们赞成或者反对统治者喜欢或者不喜欢的东西。自由与平等是属于人的,它在法律上确立了权利的主体。按照卢梭的立场,主权者并不是一个国家,而是人本身、公民。再也没有超出自然权利之上的权利。这样的态度,在确立自然权利的普遍性的同时承认个体是彼此相互独立的,每个人的自由权利都应该得到尊重,应该按照这个原则重新建立社会秩序。如果自然权利是属于每个人的,也就肯定了一切人在权利面前是平等的,它的直接结论就是不容许特权或者一些人的权利在另一些人之上,即在权利上的不平等。我们看到,人权确立的原则在于人与人之间的同一性而不是差异性,普遍性而不是特殊性。在这样的意义上,启蒙的话语是一些普遍性的话语,确立一些最普遍的原则。

可以看出,在自然权利概念背后的支持力量,是一种自然的神学或形而上学。启蒙的话语终究是逻各斯性质的,它的道德、政治、哲学、法律与自然权利是和谐一致的。但是同时,我们又注意到与中国古代哲学精神一样,启蒙时代也大量使用了"自然"一词,它同样也是一个非常广泛与模糊的概念;它也说,人要与自然本来的样子和谐,而不是反过来,使自然本身的状态服从人的不合理要求。自然是基础,人是生于自然的一部分。"自然"又是启蒙时代的庇护所,当人们遇到理论上的麻烦,再也不能做出合理性解释时,就求助于"自然"。比如,要按着自然本来的样子生活。与中国哲学不同的是,这个"自然法"或自然状态通常是牛顿式的,也就是自然神学笼罩下的科学胚胎。伏尔泰的自然神论就是以牛顿的自然哲学为蓝本的。其他启蒙学家也大都相信,人和其他动物一样,都服从宇宙的自然法则。人类是仿照自然序列建立自身的社会序列,并且在这样的社会中生活。重农主义也是以这样的原则确立了其经济理论。推而广之,每个人都可以用同样的道理证明自己的自然需要是合理的。在所谓"人自身就是目的"这样的人本或人道主义背后,却是一种与神学相类似的自然目的论并不矛盾的东西,人们在自然感情上宁愿相信这就是全宇宙唯一的真理。理性只是感性的一种延伸、一个总结。而所谓人权,首先是指那些符合人的自然本性和自然感情的东西。卢梭《社会契约论》的基础,就是人类天然的自由。在这些意义上,人权并不是一个抽象的概念。法的权利基础是人的自然性,从后者可以引出启蒙时代的政治、法律、道德观念。

　　法国大革命爆发的根本原因,在于争取上述人权,而现行的专制制度是违反人权的。人权!人权!这就是革命的教条。它的纲领性文献,就是著名的《人权宣言》,它呼吁每个人都应该知道自己神圣的权利。它确立了现代国家政治法律制度的基础。在这个基础上,正如我们以上曾经指出的,由于启蒙的自然权利概念同时以牛顿的自然哲学或科学为蓝本,必然导致产生一些保证实现这些自然权利的科学性的技巧,其中包括分权、宪法、议会、法院等等,其目的,是实现最大限度的正义、自由、平等或合理性,它们是启蒙世纪哲学的一系列副产品,即建立新的社会组织形态——一言以蔽之,就是以立法的形式废除种种封建特权,实现在法律面前人人平等。每个人都不再依附于他人,而是服从公意所通过的法律。这也是追求财富的市场经济的内在要求。面对法律,人不再是自然人而是公民。每个人都是他自己的主人,而人身依附关系显然剥夺了人的自由。

自然与社会：启蒙世纪从自然的视角解释人与社会的起源，提出种种近现代著名的理论假说。这些理论模式在效果上是与神学解释相对抗的。

孟德斯鸠从气候差异和变化角度解释了造成不同人种和社会制度的原因。这一理论，为后来布封的人种学或人类学和孔德的社会学确立了基本方向，这一理论的立意宗旨是："如果精神的气质和内心的感情真正因不同的气候而有极端差别的话，法律就应当和这些感情的差别以及这些气质的差别有一定的关系。"①简单地说，气候不同——精神气质不同——内心感情不同——适用的法律不同。孟德斯鸠的这个立场是"极端唯物主义"的。他强调生理因素，首先是气候—身体，然后才有精神状态，认为这些现象是普遍存在着的。孟德斯鸠还以此为基础归纳出"法的精神"或"一般的精神"，他认为人类受多种事物的支配，包括气候、宗教、法律、施政的准则、先例、风俗、习惯，结果就形成了一种一般的精神。尽管可以提出许多反证或证伪以证明孟德斯鸠的理论有种种偏差，但是，他所提问题的角度引起了后来者足够的注意。在这样的意义上说，他也是近代意义上的社会科学的一个鼻祖。

循着孟德斯鸠的思想线索，爱尔维修提出"人是环境的产物"。他从制度的性质研究人的本性，这也是对人的启蒙：幸福被还原到人的感受性，精神的源泉是制度，即法律和教育，因为人的精神是教育的产物。于是，要改善人的精神，首先要改革教育。这取决于一个

---

① 孟德斯鸠：《论法的精神》上册，张燕深译，商务印书馆1997年版，第227页。

哲学前提,即人的精神是后天获得的,习惯和风俗都是培养的结果。我们相信,马克思的国家学说从爱尔维修那里获益多多:人是教育的产物,也就是社会环境的产物。它的引申结论无疑具有变革环境以改变人本身的革命意义,这样的唯物主义立场是社会的、历史的。爱尔维修的方法是依靠好的教育引导出好的受教育者,强调社会对人的影响。

卢梭对后世影响最大的著作是他的《社会契约论》。他的出发点是探讨人类不平等的起源,方法仍然是他的"疏远论":人本来是生而自由平等的,但是只要远离原始状态进入社会,"进步"就使人的灵魂堕落了,从此,私欲代替了天真,并且在制度上确立了私有的权利——这样的解释,是政治哲学领域的一个重大发明,它是抨击财富不平等的,亦是空想社会主义甚至是马克思主义的思想来源之一。①"疏远"的结果是"增补"或替代。卢梭认为,从道德角度,一切如此增补来的东西都是"恶"的,即进步的同时也是退步。于是,所谓用来解释社会与国家起源的假说"社会契约论",乃是不得已而为之,因为国家是以"社会的自由"取代了人类"天然的自由"。通俗地说,《社会契约论》的大部分内容实际上是找出一些措施,最大限度地制约社会中的不平等和腐败。他明确指出,一旦这样的现象达到剥夺人的政治权利即不可容忍的程度,社会

---

① 但是按照卢梭的思路,他显然不会同意马克思关于"人的本质是一切社会关系总和"的说法,因为后一种判断的角度是"疏远"或者"异化",它把人的社会交往、分工、各种经济与政治的客观关系当成人本身主要的内容,而在卢梭看来,这些统统是一些虚伪的关系,是人类被疏远或者被剥夺的结果,因此使人不是"诚实的人",一个最明显的标志就是,每个人都不得不违背自己的意愿和性情做事。

革命便是天经地义的。这样的政治哲学是法国革命最直接的理论武器。

社会科学:在启蒙世纪,各门现代意义上的"社会科学"显现雏形。培根"知识就是力量"的口号要等到18世纪才得到最充分的体现。狄德罗和达朗贝尔共同主编了充满哲学与实证精神意义的《百科全书》,试图重新以启蒙的精神清理人类已经知道的各种知识,并且为它们构造出知识体系的细节。几乎所有重要的启蒙学者都为《百科全书》撰写过词条。

在具体社会科学领域,法国启蒙时代思想家杜尔哥和孔多塞与英国人亚当·斯密一起被认为是古典政治经济学的三个奠基人。① 由于三人中杜尔哥最为年长,他的思想对孔多塞和亚当·斯密多有影响,在这个意义上,也可以说,杜尔哥是真正的政治经济学之父。

然而,从理论源泉上追溯,杜尔哥的思想受到法国重农学派的创始人魁奈很大启发:魁奈从遵从"自然法则"的原则出发,把数学等学科的研究成果用于经济问题,因而,与伏尔泰、狄德罗、卢梭这些人的启蒙方向并不完全相同,魁奈不是后一种意义上的知识分子或者文人,而是第一个"社会科学家"(la science social,"社会科学"一词是由法国政治哲学家西哀士〈Sieyès〉在法国大革命期间第一次发明的,但是,关于"社会科学"的思想雏形,我们可以追溯到魁奈):魁奈在启蒙时期最早寻求把我们现在所称的"经济学"还原为一门基础性的科学学科。魁奈提出了两个具有奠

---

① 伊尔(M,Hill):《启蒙的政治家:杜尔哥的生活》,奥蒂出版社,第4页。

基性的概念:"经济表纲要"和"纯收益"。他试图用图解的方式解释财富在农业生产者和社会其他行业之间的流通。魁奈认为"剩余"并不来自人的劳动,而来自自然界的创造,它是由土地的性质决定的。杜尔哥提出了著名的税收理论,这个理论有一个基本出发点,它来自魁奈:税收所根据的是农业土地的纯收益,而不是人或者商品。杜尔哥提出要根据这个理论分配财富,处理个人与国家之间的关系。他认为,只有农业是财富的源泉,其他行业和流通领域都不能创造财富。杜尔哥在《价值与货币》中详细考察了商品流通领域,提出一系列具有开创性的经济学概念。特别是"价值"的概念。他把对"价值"一词的解释从一般性的"人文价值"过渡到更为科学的政治经济学领域,从而开辟了一个新的方向:非形而上学的方向,或者说是科学的和实证的方向。

达朗贝尔与孔多塞是数学家,他们试图以科学或者数学的精确性为基础,以这样的尺度观察社会及其发展,尤其是孔多塞,他创造了"社会数学"的概念,这是社会科学脱离形而上学的一个标志性概念。"社会数学"在孔多塞那里的最初形式是"政治算术"——它不是纯粹逻辑的或者先验的观念,因为它面向人的社会本身——从数量方面分析它的事实性与历史性(就其倾向性来说,19世纪孔德的实证哲学或社会学与马克思的《资本论》是这种分析的延续)。数学或自然科学与社会科学之间的差异是明显的,孔多塞承认这样的差别。正是这种差别导致社会科学在近代文明中落后于自然科学。孔多塞希望能像预知自然科学领域一样预知社会科学领域的因果关系,他思考把概率论的方法也用于政治,预见选举活动的结果。孔多塞和杜尔哥一起发动了一场科学领域的革命,按照他们的立场,人类社会的状况也是科学探讨的对象,是科学知识的一部分。孔多塞引进的方法不是传统哲学的或者先验逻辑的,而是精密科学的,而在这之前,社会科学领域的内容是以柏拉图和亚里士多德以来的哲学为理论基础的。

　　西哀士从卢梭的《社会契约论》出发,他的政治哲学理论是整个法国启蒙时代在该领域的一个总结。他创立并且区分了一些沿用至今的政治概念,正是这些概念,使政治学渐渐脱离了形而上学轨迹,成为现代意义上的政治科学。他提出一个国家"创建的权力"(pouvoir constituant)和"被创建的权力"(pouvoirs constitués)两个概念,其中的前者是卢梭"主权在民"思想的延续,后者则是一个有关"代表"的问题,表现为立法权与行政权,是附属于前者的。西哀士指出,一个国家的机体即"被创建的权力",它的组成是由宪法确定下来的:政治是由不同成分组成的共同体,其中任何一个元素都不可以有绝对的权力。西哀士发展了孟德斯鸠的分权理论,他提出的"创建的权力"与分权是密不可分的:权力的分离旨在建立一种平衡的机制,而为了得到这样的平衡,需要建立一个审查体系,以防止三种权力(特别是立法权)中的任何一个出现越轨行为。于是,西哀士在宪法理论上将分权理论具体化了,他提出一套更具有可操作性的模式,建立了另一种原则:使之日后成为一种普遍政治模式的社会制度。西哀士提出宪法问题在国家政治制度中的极端重要性。国家由不同的权力分支机构组成,不同的机构执行不同的普通法律,但是,它们都不可违背宪法。所以,应该成立一个宪法审查机构,对普通的法律是否合乎宪法进行审查,这种审查权归属于一个由宪法规定的特殊机构执行。对西哀士来说,"宪法审查委员会"并不是一个立法机构,恰恰相反,它是一个由选举产生的、审查或者限制立法权等其他权力的机构,防止以任何形式出现的专制,它的理论基础是政治上的自由主义。

此外,启蒙世纪还探讨了一些曾经一度被现代人忽视,但却被20世纪的哲学视为非常重要的问题,比如语言学问题——这特别表现在卢梭和孔狄亚克有关语言起源的精彩著述中,其思考的角度是当代哲学的或语言哲学的。

"发展"与"进步"的观念:绝大多数启蒙学者都认为人和社会都是"发展"与"进步"的。换句话说,他们坚信未来一定好于现在,理性的启蒙一定优越于人类曾经经历的漫长蒙昧的原始状态。在这方面,启蒙时代的"精神王子"伏尔泰曾经写信给卢梭,对卢梭关于人类不平等起源的著作做了尖刻的嘲讽,认为卢梭要使人类回到用四肢爬行的时代。当然,伏尔泰的立场非常容易被我们接受,因为它并不是他一个人的,而是属于整个时代。近代以来那些伟大思想家,尽管他们之间发生过这样那样的冲突和争论,所使用的概念不同,但是,他们大都倾向于:精神与物质文明是朝着进步的方向。黑格尔与马克思也属于这个阵营。毫无疑问,黑格尔和马克思都承认他们从卢梭的"疏远"或"异化"概念中获益多多,但具有讽刺意义的是,其基调与卢梭恰好相反,前者是乐观主义的,后者却是悲观主义的。

就"发展"的历史观念而言,在整个18世纪,众多法国启蒙学者说了许多重复的话,其全面和完整的总结,却并不在伏尔泰等最为知名的思想家的著作中,而见于亲身经历了法国大革命的政治理论家孔多塞的《人类精神进步史表纲要》:它是一部社会发展简史,作者充满信心地宣布,人类精神进步一定是向着完美方向的,而且谁也不能阻挡。这就为我们描绘了一个基本框架,一个启蒙的蓝图:它假设古代世纪是"蒙昧"的世纪,需要启蒙的世纪驱除其愚昧和欺骗性。"启蒙"的说法本身已经表明了一种历史哲学观念,它相信进步。孔多塞展望"人类精神未来的进步",确信人类已经能确凿地预测自己的将来,"他们也可以根据过去的经验,以很大的概率预见到未来的事件……在自然科学中,信仰的唯一基础乃是这一观念:即驾驭着宇宙现象的普遍规律(已知的和未知的)乃是必然的和不变的;然则有什么理由说,这一原则对于人类思想和道德的能力的发展,就要比对于自然界的其他活动更不真确呢?"[①]有这样美好信仰的人真是幸福的,尽管它直到现在仍然是悬而未决的。相信理性的进步,这是启蒙时代最显著的精神情结。在描述人类未来状况时,孔多塞归结为:废除国家之间的不平等,使所有国家都成为最启蒙的和最自由的等等。这很像是一个大同世界,从这里可以直接导致各种形式的社会主义理论。孔多塞宣布,应该消除法律确定的平等与人与人之间实际存在着的不平等之间的鸿沟,实现财富的平等和教育的平等。这样的宣言不仅是启蒙的,

---

① 孔多塞:《人类精神进步史表纲要》,何兆武、何冰译,三联书店(北京)1998年出版,第176页。

而且距离社会主义只有一步之遥。

道德乌托邦：我们并没有忽视启蒙世纪的无神论和自然神论倾向，在各种关于启蒙思想的研究著作中，这方面的观点已经是尽人皆知。但是，在宗教问题上，启蒙学者内心经常是犹豫的，甚至是自相矛盾的。他们实际上反对的是一种具有强烈精神专制色彩的狭义的神学形式，即基督教教条对人类精神的束缚，这种束缚的主要表现形式是精神领域的不宽容和宗教狂热。启蒙的批判态度是不难理解的，因为那些教条与上述众多"光明"精神相抵触。可是，当我们现在回顾这段历史时，却不无惊讶地发现，启蒙精神竟然也笼罩着一种广义上的类似宗教的精神，一种想象中的道德乌托邦，即在精神上寄托于一些并不真实存在的东西。

道德的变革始终是启蒙时代的重要内容，这有两层含义，其一是就风俗或所谓"内心动作"而言，在这方面，道德实际上就是人们的思想、说话、行为方式，其核心是精神自由与基督教教条的不宽容之间的冲突。换句话说，在这个意义上，启蒙时代的道德变革首先是呼吁精神自由。当这样的要求直接诉诸于思想与社会制度的变革时，就演变为哲学和政治等领域的问题。所以，自由是道德、哲学、政治、法律等诸多领域里的基本观念，但它首先是一个道德观念或"内心动作"。与同处启蒙时代的康德的"道德形而上学"不同的是，法国人这里所谓道德并不严格区分内心与外在举止之间的差别，"光明"不仅要照亮内心，也直接诉诸于人的活动和周围世界的变革；第二层含义是说，启蒙时代的道德虚构了一个理想的理性社会，它承诺一种普遍的人类幸福、和谐与秩序——其表现形式是以一种典型的近代哲学语言宣布,解脱人类困境可借助于引入并实施一系列具有普遍意义的观念。这些观念不专门属于任何单独的个人,而属于整个人类。他们是最普遍的人权。一切启蒙的话语都是在这样的语境下完成的,它们是一些"大字眼",似乎通过精神与制度的形式"实现"了这些字眼后人类的困境就可以得到圆满的解决。我们之所以认为这种解决问题方式具有乌托邦的色彩,在于它试图用"透明的话语"(类似于"我们")解决"不透明"的问题(类似于法国当代哲学家列维那所谓的"我"与"他者"之间的关系),从而陷入了抽象的困境。马克思主义曾经对这样的理性王国做了具体剖析。而20世纪的人类历史,特别是两次世界大战及其此后的人类精神状态、哲学的发展表明,人的精神与文明的危机并不是18世纪式的启蒙话语所能一劳永逸解决的,以致出现了形形色色与这种狭义的启蒙形态完全不一样的西方哲学,问题的变化和复杂化,绝不是单纯用"进步"或"落后"这样的字眼就能充分说明的。一个标榜人权宪法的自由民主国家距离纳粹主义只有一步之遥,"主义"不能解决或无法应对"事件",如此等等。

Sinophoioe 与 Sinophobes——道德乌托邦也含有关于中国的乌托邦之意味,这与当时两个流行词有关,即 Sinophoioe(喜欢中国的人)①与 Sinophobes(不喜欢中国的人)。因为这两个词涉及中国传统文化与启蒙观念的密切联系,值得我们单独分析。近代历史上,莱布

---

① "喜欢中国的人"主要是由当时承担向中国传教使命的耶稣会士成员和赞成这些主张的文人组成。

尼茨与伏尔泰是两个"最喜欢中国"哲学文化的启蒙思想家,其他人则或对中国有批评有表扬,或完全贬抑。但无论其态度如何,由于时代限制,他们中间几乎没有人亲自到过当时的大清王朝。他们关于中国的印象基本来自到过中国的西方传教士的著作。无论对中国文明或褒或贬,一个值得我们深思的事实是,就像20世纪以来中国人对西方文明的态度一样,古老的中华文明,作为一片广阔的异域精神,特别在17—18世纪,对西方知识分子,有强烈的吸引力。① 当时的欧洲曾经发生旷日持久的关于中国文化的礼仪之争。换句话说,这是关于"中国精神"是否可以与西方宗教文化相融合的争论。但是,欧洲人这样的热情从19世纪开始渐渐消散,以至于在后来许多西方人眼里,中国文明始终处于原始蒙昧的落后状态。这个过程十分耐人寻味:这是因为从不熟悉到熟悉之后产生的失望吗?抑或是因为中国在鸦片战争之后渐渐衰落?如果我们把这两个问题暂时搁置起来,面对一个事实,那就是中国文明确实对启蒙时代的欧洲知识分子的思想观念发生过重要影响,其直接的证明,就是被法国人称作"精神王子"的伏尔泰留有"喜欢中国"的大量文字。伏尔泰为什么如此欣赏中国,如果考虑到他的启蒙泰斗地位,几乎可以肯定地说,他认为古老的中华文明非但不比当时的法国或欧洲文明落后,甚至是先进的。他赞扬中国的礼教和天人合一的自然宗教,认为从那里可以养成自然而然的宽容精神,并以此批判基督教的不宽

---

① 具体可参见维吉尔·毕诺:《中国对法国哲学思想形成的影响》,耿升译,商务印书馆2000年版。

容性。中国悠久的文官或科举制度在他眼里简直就是政治和教育平等制度的典范,因为人人都可以凭借个人品行和实际能力而不是爵位获得政治地位。如此等等。

中国文明对启蒙思想家最大的启发可能就是关于"自然"或所谓"自然神论"的概念和宽容精神异端的优雅胸怀——至少这是"喜欢中国者"关于中国的印象。倍尔从中国非宗教文明传统中受到启发,进而指出一个由无神论者组成的,具有美德的社会是可能的。认为中国文明属于自然神论的启蒙思想家主要关心儒家学说,这是因为儒家主要是一种关于道德、礼仪和制度的学说,适应了启蒙时代法国人的思想兴趣,而老庄哲学鲜有人提及,这是因为道家基本上是一种形而上学,而启蒙精神恰恰只对风俗和礼仪感兴趣。"喜欢中国者"认为儒家的"礼"融合了精神与制度的双重因素,并且从根本上说,它是一种与欧洲不同的道德体系。就像孟德斯鸠说的,要改变一个民族的习惯,最好的方法就是不同民族的风俗相融合。"喜欢中国者"绝不拒绝向中国文明学习。他们对付基督教教条的技巧是认为中国的自然神论与基督精神并不矛盾,东方与西方的神可以合二为一。他们坚持说,至少在道德上中国是优越于欧洲的,是公正与合理的,并由此证明,中国人的政治智慧也有值得欧洲人借鉴之处。

但是,我们应该看到,也正是在最"喜欢中国者"伏尔泰这里,中国被描写成了一个乌托邦式的国度,他用了一系列"最好"的词赞美中国文明的各个方面。这样的描述显然并不符合当时中国的实际情形。伏尔泰的目的当然是为了借助对中国的赞美与基督教不宽容精神进行论战，使中国的自然宗教与他的哲学相适应。而"喜欢中国者"们，也更愿意把中国自然礼教的家族式组织形式，说成是符合"自然权利"的。

"不喜欢中国的人"不相信到过中国的传教士"美化"中国的描述。这在当时相对封闭的欧洲是可以理解的，他们不能容忍有关中国文明比圣经记述的历史还要悠久的言论，也不认为"儒教"与"基督教"精神有什么一致之处。耶稣会士们是在描绘一幅关于中国的"神话"。我们可以说，这是一些"民族保守主义者"。无论怎样，这样的争论都类似于上个世纪初中国有识之士们关于中国与西方文明之间到底应该是一种什么样的关系的争论。不过"样板"置换了位置，在17—18世纪的欧洲，在"开放"的意义上，欧洲人在争论中国文明模式是否可以成为启蒙的一个样板。而在"不喜欢中国的人"中，就有大名鼎鼎的狄德罗，他嘲笑中国的政治家，认为他们的活动只是出于实用的需要而不是智慧，对中国的赞美只是一种逃避。而孟德斯鸠、卢梭、霍尔巴赫也同样批评中国的专制制度。

当我们从精神本身研究西方近代以来的哲学形态时，发现有一个词可能距离智慧本身更近，这就是"启蒙"。启蒙时代与所谓西方近代认识论是平行的，甚至在内容上相互交叉，但是角度不同。就范围而论，认识论或知识论的核心问题是科学，科学当然是启蒙的重要内容，但不是全部。"启蒙"一词的原义是"光明"，从暗到明，精神来到了一个新的陌生空间，这是一个方向性的变化。启蒙所遇到的最大的实际问题,是世俗的统治者是否容许这样的精神变化,于是启蒙要争取精神自由,也就是宽容;其次,是在旧精神习惯束缚下的普通人是否能适应精神自由的新风俗,这是一个渐进的过程,是伏尔泰、康德这样的天才的使命。

什么是启蒙?就狭义而言,通常指18世纪欧洲的那场思想解放运动。但我所理解的启蒙是广义上的。这里引用康德在他著名的《什么是启蒙》一文中的第一段话。这段话对我们的启发可能更大,超过那些对他的《纯粹理性批判》的烦琐注释。康德说:"启蒙就是使人类从自身所遭受的幼稚状态中解放出来。所谓幼稚就是说,一个人倘若没有其他人的指导,就没有能力使用自己的理解力。这种幼稚是自虐的,因为它的原因不在于缺乏理解力,而在于如果没有别人的引导,就没有决心和勇气使用自己的理解力,要敢于成为一个智者,要有勇气使用你自己的理智,这就是启蒙的箴言!"①这里康德强调独立思考的勇气,没有人天生有权利教育你如何思考;如果一个人或一个民族已经习惯于在别人目光的教育下思考,就是一个还没长大的人或不成熟的民族。启蒙并不是告诉你如何思考,而是启发人说,你原本就已经有充分的理智,只是精神上被管制的习惯使你既懒惰又没有勇气使用你的理智,于是启蒙最重要的问题,是解决思考的胆量问题。换句话说,要开拓你自己的精神家园!

放开胆量,扩展你的精神空间,这才是康德所谓

---

① 转引自康德:《实践哲学》,剑桥大学出版社1996年版,第17页。

"意志自由"的真正注解。相比之下，康德在其著作中是怎样推论"意志自由"的，倒显得是一个次要问题。这就是启蒙精神与所谓"知识论"之间的最大不同：精神的胆量是智慧本身的素质问题，本体论或认识论只是智慧的一个具体方向。启蒙要解决的主要问题，即要容许人们思想方式、说话方式、行为方式的变化，开拓自己的精神家园！正是在这样的意义上，康德把以往的精神专制称作"偏见"。之所以称其为"偏见"，是因为它只容许精神朝着一个方向，即精神专制者所容许的方向。那么，启蒙的效应如何呢？如果每个人都放开思想的胆量，就会出现无数个"他者"，或无数相互冲突的方向，其相互争论就不可避免，这正是启蒙者所希望看到的局面。伏尔泰和康德只是说，要对每一个"他者"宽宏大量，要有思想与言论的自由，如此而已。

启蒙最重要的使命是变革个人和民族的精神风俗，孟德斯鸠曾经把这样的风俗理解为人的"内心动作"。无独有偶，康德在《什么是启蒙》一文中也有类似看法："一场革命带来的效果，可能是削弱个人专制主义和贪婪残暴的压迫，但却并不能真正变革一个人的思考方式。随之一种新的偏见就会像旧的偏见一样，只是被用来产生大批不思考的群众。"① 换句话说，启蒙不仅是社会制度的变革，更是思想方式的变化——这是一个渐变的过程。而中国在漫长的封建社会中之所以一直没有真正意义上的启蒙，乃在于伏尔泰所言的，中国人的精神风俗几千年不变。就这个意

---

① 转引自康德：《实践哲学》，剑桥大学出版社1996年版，第18页。

义而言,在相当长的历史时期内,中国内部只有改朝换代,没有启蒙。

事实上,我们绝大多数人,都是按照习惯思考、说话、行事的。如果把启蒙理解为克服习惯的过程,那么最先的变革可能是从念头或思想开始,就像圣·奥古斯丁在《忏悔录》中曾经说的:"一个人除了他自己内部的精神之外,没有人知道他内心发生了什么。"这句话包含着很复杂的哲学问题。

首先,虽然一个人自己不说,没有人知道他究竟在想什么,但是自己内部的精神或独白也存在一个胆量的问题。对一个习惯于在精神专制下思考的人来说,他的念头很难复杂起来。换句话说,他不是没有能力,而是不敢想。也许最初是敢想的,但由于周围环境不容许,所以念头渐渐消失了。最后终于因为不敢想而不愿想,而丧失了思考的能力。所以在专制制度下生活的人通常显得单纯。

其次,假使一个人像蒙田那样,有极高的智慧,在精神专制的条件下,他的大脑也能"像脱缰的野马,成天有想不完的事",但这个天才的情况并不太妙,因为即使再好的念头,要想真正发挥作用,必须用可交流的语言把它保留下来,无论是口语还是文字。换句话说,由敢想而想出来的念头必须进入一个公共交往的空间才能发挥实际作用。就这个意义而言,启蒙呼吁的精神自由就是争取公共或公开言论或者出版的自由,而不是徒劳无益地守着"没有人知道你内心究竟发生了什么"的内心独白。由此我们可以进一步推断,在人类历史上,由于曾经有过的相当长时期的精神专制,有多少有价值的念头没有留下任何语言的痕迹,令人遗憾地永远消失了。

这样看来，18世纪的"启蒙"实际上就是解决精神与制度上的自由问题：制度是为了保证宽容的秩序，使"精神"有胆量。这也解释了为什么启蒙时代精神变化的空间之广泛是以往任何时代都无法比拟的。

尚杰讲

狄德罗

第一讲

狄德罗和他的百科全书

一　生平和著作
二　主编百科全书

尚杰讲
狄德罗

一　生平和著作

德尼·狄德罗(Denis Diderot)于 1713 年 10 月 25 日出生在法国一个叫朗格尔的小城市。他出身并不是贵族,家族成员中多是一些小手工业者。狄德罗的父亲是一个制刀师傅,狄德罗的母亲比她的丈夫大 8 岁,他们一共生育了 7 个子女,狄德罗排行老二。狄德罗家庭信仰天主教。小狄德罗从小头脑灵活机智,时常爱滋事。这个未来的无神论领袖在 15 岁时对从事神职充满敬意,一心想当个耶稣会修士。他本来是有机会的,因为当时他已重病的舅舅是郎格尔堂区的司铎,按惯例神职本可由亲戚继承。但是教会另选了他人，而这促使狄德罗想到去巴黎求学。这样一个偶然事件也许改变了狄德罗一生的命运，法国也许日后少了一个蹩脚的布道师，却多了一个伟大的哲学家。

1728年，狄德罗来到巴黎，进了耶稣会士学院。他是个优秀学生。学习的科目除了神学，还有拉丁文、修辞学、语法学、雄辩术、哲学、数学等等。狄德罗与卢梭性格不同，他是一个外向热情的人，他甚至登台演戏。我们不太清楚当时的巴黎耶稣会士学院与巴黎大学是什么关系，但是据《狄德罗传》："1732年9月2日，狄德罗成为巴黎大学文科硕士。"[①]年轻的狄德罗渴望更多的知识，他不想回家乡生活了。在选择职业时，狄德罗没有按着父亲的意愿跟一个诉讼师实习。他讨厌法律，喜欢文学。他一面自学，一面靠当家庭教师维持生活。1743年，狄德罗与大他4岁的女裁缝安多瓦奈特结婚。29岁时，狄德罗在咖啡馆里结识了比他小1岁的卢梭，并通过卢梭认识了不久后成为百科全书派成员的孔狄亚克。这时，狄德罗已经读过洛克的《人类理智论》和伏尔泰的《哲学通信》，对这些著作大为赞赏。这些朋友开始每周在巴黎花园饭店聚会，讨论蒙田、笛卡尔、斯宾诺莎、孟德斯鸠等的思想。1745年，狄德罗写出了《道德哲学原则或论功与德》。这时，他把时间花在沉思、交谈和不期而遇的风流韵事上，与妻子关系开始恶化（很难说她与狄德罗的婚姻

---

① 参见安德烈·比利：《狄德罗传》，张本译，管震湖校，商务印书馆1995年版，第26页。我们在这一节中主要参考了这本传记。

是幸福的,而且他们的两个孩子先后夭折),①甚至狄德罗的弟弟也认为哥哥是个放纵的人。

　　1746年的冬天,发生了一件对狄德罗一生乃至对18世纪欧洲意义重大的事情,印行《王室年鉴》的出版商找到了狄德罗,给他看了1728年由英国人钱伯斯编的百科全书,出版商想让狄德罗组织撰写一套更新的百科全书(达朗贝尔比狄德罗更早参加了主编百科全书的工作,但后来由狄德罗一人主持,他为百科全书付出的心血比任何人都多)。这套大书日后为狄德罗带来了终生光环,但是,狄德罗最初接受的动机是相当简单的:他要在几年中从书商那里得到一份稳定的收入,以解决自己的生活问题。但是日后的事实证明,书商给的钱断断续续,不解决问题,狄德罗必须另外想办法挣钱。在筹办百科全书期间,狄德罗写出了《哲学思想录》,②书中的内容也是他与朋友们在咖啡馆里争论的有趣思想。书中表明了他的怀疑论和自然神论的态度。此书被最高法院查禁了。1747年,他用几天的工夫写成了《怀疑论者的漫步》。最能从中看出狄德罗有商业写作动机的,是他的小说《泄密的首饰》。这是哲学家狄德罗写的一本风流韵事小说,内容是说国王有一枚戒指,能使他后宫里的女人吐露他所不知道的

---

　　① 在这期间,卢梭也与缝衣女泰莱丝同居了,她就是后来的卢梭夫人。这两位哲学家的妻子相互来往,但是关系并不融洽,渐渐中断了关系。卢梭对狄德罗夫人的评价是:真是又泼辣又粗俗的女人。与智慧平庸而性格暴躁的女人结合的,还有苏格拉底。哲学家反而更容易被"原始特征"明显的女性吸引,因为她们表面的粗鲁背后是简单和善良。研究一下哲学家的妻子们。这话题也许与哲学本身有关。

　　② 据《狄德罗传》的作者说,狄德罗写作《哲学思想录》和《怀疑论者的漫步》的最初动机都是为了满足狄德罗的情妇皮西欧夫人的要求,她爱好虚荣,伸手向他要钱,狄德罗只能以卖文挣钱。

奸情。有评论认为这是哲学家的拙劣模仿之作，远不如他的哲学著作精彩。

　　1749年，狄德罗发表了《供明眼人参考的谈盲人的信》，这本书是为了解决思想的来源问题。但是，这本书的内容并没有给狄德罗带来好运，他因此被当局关进了巴士底狱。在他被关押期间，卢梭和达朗贝尔曾经来看他。特别是卢梭，因为钱不多，是从巴黎走来的。而且根据卢梭《忏悔录》的回忆，就在这个前后，卢梭决定应征第戎科学院的征文：科学与艺术的发展是否有利于风俗的淳化。这个题目令卢梭激动异常，他向狄德罗说了自己的想法，即人类的不幸在于文明，狄德罗同意他的意见。尽管狄德罗的说法有所不同，①但是有一点是肯定的，即两人都同意卢梭这篇成名作中的立场。1751年，他写成《关于聋哑人的信》，这里讨论了"哑巴"的思想，即手势语言。在这之前，狄德罗对天生的盲人也感兴趣。在这方面狄德罗与唯物主义感觉论者孔狄亚克有争论。这是一个值得重视的问题，在考察盲人与哑人时，狄德罗充分发挥了他所擅长的想象力。狄德罗和孔狄亚克都想弄清楚概念的起源问题。我们要特别注意狄德罗在文中的一个容易被人忽视的立场，即科学的或可交流的语言与直觉的、诗歌的、不可交流的语言之间的原则性区别。

　　在1753年前后，狄德罗以极大的热情参加了霍尔巴赫组织的哲学沙龙，被邀请的还有卢梭、达朗贝尔、

---

①　根据狄德罗的说法，卢梭在征求他的意见时，说自己同意正题，但是狄德罗说那是庸人的想法，相反的主张更能发挥才智和雄辩。安德烈·比利：《狄德罗传》，张本译，管震湖校，商务印书馆1995年版，第98页。

爱尔维修、孔狄亚克。在约定的聚会日,争论的问题往往围绕着宗教。可能受到霍尔巴赫《自然体系》的影响,狄德罗也写出他《关于解释自然的思想》。1757年,狄德罗写了第一部喜剧《私生子》,这是一部描写家庭生活的戏,受到好评。1758年,狄德罗创作了另一部五幕剧《一家之主》,狄德罗与卢梭的关系从1756年卢梭隐居后开始疏远。① 从1757年开始,狄德罗为格里姆主持的《文学通信》撰稿,历时15年(至1772年结束)。在这期间,狄德罗为《文学通信》写的东西涉猎极为广泛,"哲学家为格里姆提供了四十多篇评论文章,涉及文学、戏剧、哲学、历史、政治、绘画、建筑等等,还要加上《修女》、《定命论者雅克和他的主人》、《拉摩的侄儿》和《沙龙》"②。——这里"加上"的几篇是狄德罗的杰作:1759年他写了一组标题为《沙龙》的画论,③文笔多样,思想丰富。1760年,他写成一部长篇小说《修女》,在特定的修道院场景中,狄德罗通过少女苏珊的内心独白对宗教做了辛辣的讽刺。这本小说的写法独特,几乎是现代式的;1762年他写作著名的哲学小说《拉摩的侄儿》,其中体现的哲学思想对黑

---

① 关于两人疏远的原因,文献中一般归咎于卢梭,据说他性情古怪,在他隐居后,怪狄德罗等朋友不来看他,而他们真的来了,却又怪他们打扰他。好像卢梭有一种任性撒娇的女人性格。一个夫人说,只有一个办法让卢梭高兴,那就是装着不注意他,却随时照顾他。这是狄德罗不擅长的,也是他做不到的。从个人性格说,卢梭喜欢安静,怕人打扰。狄德罗喜欢热闹和交往。

② 安德烈·比利:《狄德罗传》,张本译,管震湖校,商务印书馆1995年版,第239页。

③ "沙龙"一词来源于法文 salon,这个词与1737年起在卢浮宫开始每两年一次的画展有关,那些画展在方形"沙龙"举行。狄德罗在他的画论《沙龙》中,对那些陈列在卢浮宫沙龙中的不同风格的绘画做了大量评论。

格尔和马克思有重要影响;①1771年写作《定命论者雅克和他的主人》,这也是一部讽刺宗教的小说,以对话体写成,它也是最强烈表现狄德罗个人性情的作品:无序、离题、不太好读。其中也体现了狄德罗主张的精神自由。

狄德罗还有一部他生前没有发表过的著作《生理学要义》,从1765年开始写作,这是一本被人忽视了的长篇著作。

在人们的印象中,似乎狄德罗是18世纪法国唯物主义者的主将。但是,与同时代其他著名的唯物主义者霍尔巴赫、爱尔维修、拉美特立、孔狄亚克相比,狄德罗并没有写出大部头哲学著作。他的哲学作品是零散的,都是一些短篇。狄德罗比较明显的讨论哲学的著作,除了以上提到的《哲学思想录》、《关于解释自然的思想》、《供明眼人参考的谈盲人的信》、《关于聋哑人的信》,还有:《哲学思想录增补》;《达朗贝尔之梦》;《物质与运动的哲学原理》;《布甘维尔〈旅行记〉补篇》;《驳爱尔维修的〈论人〉》;其中,我们要特别重视《达朗贝尔之梦》,如果一定要指出狄德罗的哲学代表作,我们认为就是这个哲学短篇(准确地说,还应包括另外两篇,即《达朗贝尔与狄德罗的对话》和《对话续篇》,它们与《达朗贝尔之梦》都写于1769年)。

我们必须提到,狄德罗生性善良,乐于帮助人。与达朗贝尔共同主编《百科全书》,前后历经20多年,历经千辛万苦,最终得以完成。《百科全书》中的启蒙精神对欧洲乃至世界文化做出了巨大贡献。即使一个人

---

① 这种思想表现在异化和辩证法理论中。

一生只做了这一件事情,也足以瞑目了。

与狄德罗同时代的俄国女皇叶卡特琳娜喜欢哲学。她久闻狄德罗的名声,于1773年8月邀请他访问彼得堡,她在这之前还曾给狄德罗以经济上的帮助。

83岁的伏尔泰曾经再一次给狄德罗写信,对彼此未曾谋面表示遗憾,这两位启蒙巨匠之间相互怀有深深敬意。

1784年7月30日,71岁的狄德罗去世。

二　主编百科全书

在人类文化史上已经出版过的众多百科全书中,狄德罗主编的百科全书获得了极高的荣誉。自从文艺复兴以来,人开始要求属于人自身的东西,人权从神权的专制中挣脱出来,近代自然科学也随之兴起。但是,真正的启蒙时代,指的是18世纪。所谓启蒙精神,就是渐渐在全社会诞生的一种有别于旧时代的新精神,一种挣脱已有习惯的新风俗,"一种崭新的好奇,单独地一个又一个观察事物而产生的崭新的快意,观察这些遥远的、古怪的、不同的事物和组成它们的方式"①。这样的景观是以往旧世界的知识体系无法提供的,因为以往的书籍没有整理和编撰新的发现。狄德罗主编的百科全书就是在这样的背景下应运而生的。在知识体例上,它几乎包罗万象,形而上学、美学、道德、政治、法律、几何、天文、物理学、光学、植物学、化学、农

---

① 格勒蒂塞(Bernard. Groethuysen):《法国革命的哲学》,伽利玛出版社1996年版,第107页。

学、手工业、昆虫……在《关于解释自然的思想》中,狄德罗曾经把科学比作广大无边的大地,有的地方是明亮的,有的地方是晦暗的。"我们工作唯一的目的就是要扩延光明的地带。"①可见在狄德罗那里,"启蒙"起源于"光明"的隐喻,且具有百科知识的含义。这里最重要的是新的观察知识的角度,有一个启蒙的光源。

狄德罗主持的百科全书与17世纪的知识体系不同,后者深深受制于笛卡尔理性主义的数学方法,用逻辑演绎推导知识;前者则更适用于自然科学的方法,探索新经验和新知识,更注意个别、个体、差别,而不是预先建立一个安排事物的一般性或总体性的系统和原则。

我们也注意到,狄德罗邀请参加撰写百科全书词条的合作者多为著名的启蒙思想家:达朗贝尔、伏尔泰、孟德斯鸠、卢梭、孔狄亚克、拉美特利、霍尔巴赫、爱尔维修、丰特内勒、布封……这些人是现代知识分子的先驱。这些最有影响力的知识分子大部分来自民间,而不是大学或者当时法国最高的学术荣誉机构,法兰西学士院的院士们编写的是语言词典,而18世纪法国最有生命力的思想却来自狄德罗代表的百科全书派。

除了繁重的组织工作,狄德罗亲自写了大量词条,"美"、"人"、"公民"、"自然法"、"政治权威"……他还接受了谁也不爱干的苦差事——手工业部分的词条都出自狄德罗之手。

---

① 格勒蒂塞(Bernard. Groethuysen):《法国革命的哲学》,伽利玛出版社1996年版,第108页。

百科全书1746年开始酝酿,1751年第1卷出版。不久,第2卷也印好。但是,这引起了神学势力的注意,百科全书头两卷遭到查禁。但是,工作实际上一直没有中止,特别是得到了在知识界和文学界有影响力的伏尔泰的支持。到1755年,发行到第5卷。当局采取了更为严厉的措施,宣布准备严惩与百科全书出版过程有关的一切人。之后达朗贝尔和卢梭两人先后与狄德罗失和,有些作者在当局威胁面前也退缩了。百科全书由狄德罗一个人单独主编。这时,多亏霍尔巴赫的帮助,百科全书的编撰工作仍旧艰难地维持着。到1766年1月,百科全书全部完成。

第二讲

尚杰讲
狄德罗

《达朗贝尔之梦》式的"谵妄"的唯物主义

当我们把目光投向18世纪法国唯物主义者的时候,狄德罗特别惹人注意。通常认为,他是这些唯物主义者的首领。究其原因,不仅在于狄德罗是唯物主义者的大本营,百科全书的主编,更主要的在于,与其他唯物主义者比较,狄德罗的思想更复杂,更敏锐,更少旧哲学的痕迹。当我们作如此考察时,惊奇地发现,我们以往对狄德罗的判断经常是武断的。"唯物主义"的标签和先入为主的解释框架挡住了我们的视线。当我们隔离以往的解释的时候,我们发现了一个奇妙无比的狄德罗:他提出的问题非常复杂,具有极大的前瞻性,黑格尔、马克思、阿多诺、福柯……

都从狄德罗那里获取过精神资源。

狄德罗没有像霍尔巴赫或者孔狄亚克那样试图建立自己的哲学体系,他也没写过大部头的哲学著作。他最好的哲学书竟然是在近乎玩笑的态度中写成的:1765年夏,他的终生好友达朗贝尔染重病陷入垂危迷离状态,狄德罗前往探望。这正是《达朗贝尔之梦》中的情景,病危的唯物主义者达朗贝尔断断续续说出一些谵妄的语言。这些话语不是达朗贝尔清醒时的语言,他神智正常时是一个精通几何学的科学家。对此,狄德罗很不以为然。他认为几何学家的计算就像是很蹩脚的赌徒,他只是做出了一种可计算性的选择,但是实际上自然界大量存在的是不可计算只可领会的东西,把握转瞬即逝的东西靠的是敏锐的洞察能力。这个思想倾向,是我们理解狄德罗的一个前提。1769年,在以上的背景下,狄德罗一口气写出了三篇以达朗贝尔为主角的作品:《达朗贝尔和狄德罗的对话》、《达朗贝尔之梦》、《对话续篇》。1769年9月2日,狄德罗写有一封非常重要的信:

"我写了达朗贝尔与我的对话。重读之时,我忽发奇想,要续写一篇。现在已经写好了。对话者是做梦的达朗贝尔、博尔窦(医生),以及达朗贝尔的女友雷斯壁娜丝小姐。书名为《达朗贝尔之梦》。不可能有比它更深刻、更荒唐的了……但使您惊奇的是那里没有一个宗教字眼,也没有一句不道德的话……(过了一个星期后,狄德罗又说)……那既是荒谬绝伦,又是最深刻的哲学。把我的思想通过一个做梦者的口中说出,倒是要有点本领的。应该经常让智慧具有荒唐的外表,为的是让智慧有机会表现出来。我宁愿人们说:

'这并非如我想象的那样荒诞啊!'而不愿自称:'请听我说,下面要说的都是极其智慧的!'"①

　　这段话中含有丰富的信息:首先,"做梦"的是狄德罗,而不是达朗贝尔。就是说,假借达朗贝尔而说出自己想说的话(达朗贝尔后来为此向狄德罗提出强烈抗议)。"梦话"或者疯话更能尽兴和遮人耳目;其次,荒唐古怪的念头中却隐藏着最深刻的哲学思想;第三,哲学思想的表达方式问题:文学式的表达可能比教学式的效果更好。具体在这里,荒唐的只是外表,深刻的却是内涵。精神也需要惊险刺激。②

　　做梦的狄德罗说了许多痴话,其中最为典型和严重的,是把通常人们认为只有人具备的各种能力动物化、甚至物化;并且感官的能力也发生混淆。这是怎样的唯物论呢?想象或谵妄的唯物论,荒唐而大胆的唯物论。狄德罗断定物质的纤维也有感觉。我们不会想到狄德罗所说的感觉,它似乎是不可思议的。不会说话的感觉。好像在另一个世界,但是并非与人无关。从哲学上说,狄德罗讲的是变化、区别和过渡。狄德罗不是自己,而是别的东西。就好像人可以同时有不同的意识、灵魂、目光。从梦的视野看醒着的狄德罗,荒唐的就不是后者。感觉只有活跃的和迟钝的区别,没有完全没有感觉的东西。从不活跃到活跃,需要一种刺激,添加新的元素。狄德罗的梦境之一是,一群蜜蜂从蜂房(他把世界的总体说成是一个大蜂房)分出来,

---

①　转引自安德烈·比利:《狄德罗传》,张本译,管震湖校,商务印书馆1995年版,第328页。
②　狄德罗非常善于用疯癫的角色表达他的意图,又见他的著名哲学小说《拉摩的侄儿》。

彼此用脚勾在一起。它们是一个同质的整体。这时破坏整个链条的力量,只是刺激一下勾着脚的蜜蜂。有一个意外,走一下神,有一个裂缝。于是,刺激导致新的刺激,意外导致新的意外,走神导致新的走神。同质的、同一性的东西遭到了破坏,因为偶然性,它们是不同的刺激、意外、走神。总之,是不同的感觉。狄德罗在这里强调的不是同,而是异,对秩序的破坏。就是说,它们不再是一个蜜蜂的集体,我们看到了不同的个体。狄德罗想说的是,整体可以被割裂成完全认不出原来样子的一个个不同的个体。就像我们用剪刀小心地把蜜蜂彼此用脚爪勾着的地方分开,"……那么这个整体,这个由看不出的蜜蜂形成的整体,实际上就是一个珊瑚,你只有压碎它才能毁坏它。连续的蜂簇与毗连的蜂簇的差别,严格说来,就是我们人、鱼类和蠕虫、蛇及腔肠动物这样一些普通动物之间的差别"①;按照这样的道理,狮身人面、人面兽心是完全合理的猜测,它可以是从动物到人的中间阶段。人并不是生下来就是现在的样子,一开始是一个"小人",更小,乃至是一个胚胎,一个看不见的精子和卵子。甚至"男的分解成男的,女的分解成女的,这很有趣"。这简直就像是男性或者女性只用自己的细胞生出自己。但是再往前呢?人不是人变的,而是别的什么。人可能是其他的动物或者生物。"如果这个狂妄的假设几乎就是各种现存的和未来的动物的真实历史。如果人不分解成无数个人的话,至少分解成无数的微生物。这些微

---

① 狄德罗:《达朗贝尔之梦》,转引自《十八世纪法国哲学》,北京大学哲学系外国哲学史教研室编译,商务印书馆1979年版,第380页。

生物的蜕变,以及它们未来的和最后的组织,是无法预见的。谁知道这不是一种和这一代相隔不知若干世纪和若干连续发展阶段的下代生物的根苗。"①人的繁殖方式与动物和微生物的繁殖方式的差别在哪里呢?人可以不要繁殖,而只是保留方式。人可以控制行为的结果,而只要其中的快活。但是那不是一种原始性吗?还是首先要回到微生物阶段。古代希腊哲学家早就预言了原子的存在,尽管那只是哲学意义上的原子。直到狄德罗,他还猜测在微生物或者细胞中,就决定了将来的武士、总管、哲学家、诗人、娼妓、国王。

只有痴迷状态才是表达狄德罗想象的最好方式。他又从时间的角度谈变化。这个时间是以宇宙为背景的,所以它不是人的时间。在这个意义上说,人感觉到的时间什么也不是,这使人非常可怜,就像人的生死只是刹那间的事,就像一滴水那样微不足道。"我们的思想多么空虚!荣誉和我们的工作多么贫乏!多么可怜!我们的眼界是多么狭小,切实可靠的只不过是吃、喝、生活、恋爱、睡觉而已。"②这样的语言在平时是无法听到的,因为人沉迷在世俗中无法自拔。只有在弥留之际,像癫狂的达朗贝尔这样,才能真正从旁观者的角度,述说人生。垂死的语言是感人的,它是形而上学的语言。人是一滴水,一个小小的世界,就像是莱布尼茨的单子一样。单子论的起源本是唯物主义的,可以追溯到古希腊的德谟克利特和伊壁鸠鲁。无论当时是

---

① 狄德罗:《达朗贝尔之梦》,转引自《十八世纪法国哲学》,北京大学哲学系外国哲学史教研室编译,商务印书馆1979年版,第381页。
② 同上书,第382页。

被叫做原子还是种子,总是一种物质的原始形态。狄德罗继承了这样的唯物主义传统。狄德罗在《达朗贝尔之梦》中制造了一种古怪气氛,它是对古怪的肯定。不合习俗的想法和言谈举止被称作"古怪的"。人们不太容易接受不合乎心理习惯的态度。古怪的念头也是心理上的冒险,精神上的高难动作,故而刺激。在这个意义上,我们也可以说,《达朗贝尔之梦》的"岔路"是狄德罗有意为之,他在制造另一种能使人接受的效果。他有意把我们领到一个令人恐怖的地带,让我们在恐惧中享受心理的变化,破坏平时程序化的生活和思想模式。如果把狄德罗的梦用现代电影放映,它既是科幻的,也是恐怖的,同时又是哲学的。这个梦是往回放映的:人变得不像是人,而像是一个动物或者生物,回到最初的感觉,从那里萌发。当狄德罗设想一切物质形态都有感受性时,也就包括肯定了玫瑰花的记忆。① 这样的语言通常被人们称作胡思乱想,是做梦时的念头。狄德罗用这样的形式描述他的唯物主义,反倒比宣讲和教学的效果更好。它轻轻松松地就让人们听懂了这样的意思:人的器官是朦胧的,不确定的。目光并不一定来自于"我",所以我不是我,我并不一直是我,我是另一个东西。最明显不过的事实就是,人身上既有人的东西,也有动物性的东西。不同时代人的区别在于这两种元素比例的大小。我们惊奇地发现启蒙使人丧失蒙昧人的动物性,而在后现代的社会中,

---

① "封德奈尔"(Fontenelle,法国启蒙思想家,1657—1717)的玫瑰不是说,"在玫瑰的记忆中,没有看见过一个园丁死去吗?"转引自《十八世纪法国哲学》,北京大学哲学系外国哲学史教研室编译,商务印书馆1979年版,第384页。本书翻译为"冯特内勒"。

却又返回人的原始性。

"一切动物都是或多或少的人；一切矿物都是或多或少的植物；一切植物都是或多或少的动物。在自然之中，根本没有严格的区别。"①这当然会破坏人们的习惯想法。如果我们省略这里的"或多或少"，也可以说，一个男人就是一个女人，一个小孩就是一个大人，一个老人就是一个小孩，如此等等。它是一个思路，一个专寻岔路的思路。它的启发在于开拓了无数其他的可能性。它证明出神或者走神的合理性，不见异也可以思迁。眼睛看似盯着你，与你说话，心思早在别的地方。这样的举止几乎随处可见。

做梦的狄德罗谈到了他的"脑袋"，大脑是否还在，其控制力和影响力如何，是区别人是否疯狂的重要标志。他做了一个比喻，大脑是一个中央控制系统，脑膜有一个网络，就像是蜘蛛网一样。身体上任何地方的神经刺激，都有脑膜的反应。这是正常的工作状态，就像前面我们提到的那些互相脚钩着脚的蜜蜂一样。由此可见，网络越是灵敏，脚钩得越紧，越执行"我"的命令。我们现在对边缘地带感到兴趣，就是说，离网络远的，试图脱离脚钩的力量，"我"控制不了的事物，它与我只有极间接的联系。它经历了中间太多的耽搁。"我"最直接控制的也许只有"我思"（"也许"就是在做梦的时候，在疯癫的时候也是控制不了的），笛卡尔的形而上学正是从这里出发的。脑袋是人的标志，它管着那些无形的，但是它遏制了简单的快乐。人的脚

---

① 狄德罗：《达朗贝尔之梦》，转引自《十八世纪法国哲学》，北京大学哲学系外国哲学史教研室编译，商务印书馆1979年版，第387页。

心、手、大腿、肚脐、臀部、胸部、嘴唇、舌头……这些部位的感受是不一样的,这样的不一样与人智商的差别关系不大。在这些部位的感受是简单的痛苦或者快乐。但就是这样简单的东西却被我们边缘化了,它被话语遗忘了。换句话说,话语归大脑的网络管辖,话语说不出那些感受的差别,是因为大脑不能区别它们。话语只说痛苦或者欢乐,但是实际的情形比这复杂得多。比如,人所有的快活都是痛苦中的快活。痛苦和快活还可以叠加出无限的皱褶。人的大脑发达了,感受力却变弱了。这与动物的情形正好相反,动物的嗅觉、视觉、触觉等等感受性比人不知敏锐多少倍,但是它们不会说。狄德罗已经告诉我们,人也是动物。所以,人也有许多说不出的感受。那些感受说不出,不在场,但是它存在。从根本上说,哲学对它们是无能为力的,它让位给文学。

　　狄德罗"谵妄"的唯物主义离开想象就无法挪动一步。推而广之,我们周围的世界起初都来自许多怪异的念头。哲学更是这样,哲学家狄德罗弹着一架发了疯的钢琴(狄德罗提到了这个钢琴,这并不是偶然的,在18世纪,哲学家除了认为人是动物,还认为人是机器,比如拉美特利)。人沉溺于钢琴中,好像就是一架钢琴。狄德罗这里走岔的思路,就是把看来性质不一样的东西当成一样的,或者潜伏着:"男人也许只是女人的怪物,或者女人只是男人的怪物。"就是说,男人是变形的女人,女人是变形的男人。狄德罗甚至还从人的生理结构寻找根据:我们只能从外生殖器官区别男女,其他方面男女无异。并不是男性有男性的灵魂,女性有女性的灵魂,灵魂是不分性别的。一个人，无论是男是女，都可以同时具有两个灵魂。头脑、感受、想象、记忆、注意力、观察、阅读、思考、心事都可以同时是双重的（狄德罗这里举了连体婴儿的例子）。眼睛旁边还有一个眼睛，目光旁边还有一个目光，表情旁边还有另一个心情（狄德罗在《论喜剧演员的荒谬性》中，曾经说到，演员不过就是模仿，他的表情只是一种技巧，而他的内心却可以是冷静的，甚至可以完全想着别的东西）。进一步说，表情甚至也不是双重的，而是多重的。

尽管我们对狄德罗的思想做了引申，但是并没有离开狄德罗的原点。我们说出在他那里包含着的但他没有说出的语言。比如这样一句话：如果说，人区别于动物、植物、无机物，是因为人有更活跃的感受性，那么后者最能说明问题的地方在于，人有更活跃的记忆能力。如果丧失了记忆能力，即使人的其他能力都不消失，人面临的情景一定是中断的，从而在习惯看来就是一个白痴或者傻子。没有连接，也就没有认识。人从小到老，从外形到灵魂变化极大，但自己和别人往往并没有明显的觉察，这是因为人的记忆力记住了自己和周围世界每天的样子，没有中断和突变。所谓傻子和疯癫，其实就是遭遇陌生，失去了习惯的认识和举止。学习就是记忆，什么都记不住，对人类是不可想象的，每天都要从头再来，也就无从判断。从这里也可以看出，记忆是人的奇迹，是一种极其强大的习惯力量，它使我们时时处处固定在某种社会关系之中（比如，我们每个人同时是男人女人父亲母亲孩子情人下级上级等等）。①

在《达朗贝尔与狄德罗的谈话》中，也谈到了记忆问题："如果没有这个记忆，它就根本没有自我了，因为它如果只是在获得印象的时刻感到这里的存在，就会根本没有生命史。它的生命就是一些无联系的感觉的一个断断续续的系列了。"②在下面，狄德罗竟然把记忆和感觉一样说成是器官纤维震荡的持久性。就像以上说过的那架弹奏起来的钢琴。一根弦的震动也使别的弦震动。同理，一个观念唤醒另一个，第三个、第四个观念，这就是记忆。"我们就是富有感受性和记忆的乐器。我们的感官就是键盘，我们周围的自然弹它，它自己也常常弹自己。"③于是，一个感觉便跟着另一个感觉，一个声音跟着另一个声音。

可是，事情并不这样简单，否则，狄德罗的理论就可以被归结为没有味道的洛克的"白板"理论了。我们特别注意到狄德罗特别喜欢谈论人的非正常状态：《拉摩的侄儿》和《修女》中所刻画的角色，其心理状态是疯癫的；《达朗贝尔之梦》也是荒唐的；《供明眼人参考的谈盲人的信》选的是一个天生的盲人；《关于聋哑人的信》则是讨论天生又聋又哑的人。这些都是古怪，或者说谵妄。

---

① 但是，有记忆的生活只使人活一辈子，如果丧失记忆而同时不丧失思考力和想象力的话，人可能更幸福，因为人可以从根本上克服习惯对自己的影响。世界将无比丰富，因为我们将每天感受新的东西而没有感受的障碍——但是这些只是不可能的纯粹假设，没有记忆力就不可能有思考力和想象力。

② 转引自《十八世纪法国哲学》，北京大学哲学系外国哲学史教研室编译，商务印书馆1979年版，第367页。

③ 同上书，第369页。

这里我们专门把狄德罗的一个精辟之见单独加以介绍:这就是语言与精神之间的关系,这个问题的哲学意义是现代的。狄德罗天才地觉察到,语言与精神之间并不是同一性的关系,它们在科学的意义上也许是一致的,在直觉的意义上是不一致的。《达朗贝尔之梦》中有一句重要的话:"我们说的话始终不是落在感觉的后面,就是落在感觉以外。"①这就意味着,我们没有说出感受到的东西,感受到的东西是不可说的。这个立场在《关于聋哑人的信》中就更明确了。在那里狄德罗提到了语言的序列与精神的序列之间有时是隔离的,它们之间的距离是不能消除或还原的。精神的特征是同时性,意识或者直觉到的东西同时呈现在我们面前,好像是一大片。这样的呈现并不分时间的先后秩序,即不是一个在一个之后的顺序,②而是同时并列。但是语言的序列不是这样,语言一定要遵守自己的秩序,说完一句再说下一句。词语的排列一定要符合语法。如果不是这样,语言就失去了自己存在的意义。狄德罗这里提到的直觉与语言的情形我们凭经验不难体会到,即话语或有声语言存在与否对我们理解事物并不像人们通常想象的那样重要。在这个意义上说,聋哑人也可以交流,正常人也看得懂无声电影,因为形体或肢体动作比声音具有更多的精神内涵。事实上,无声音的交流需要更多的原创性,它靠直接性。与它相比,话语是间接的。与原始的直接性相比,说话建

---

① 转引自《十八世纪法国哲学》,北京大学哲学系外国哲学史教研室编,商务印书馆1979年版,第411页。
② 这样的情形柏格森和普鲁斯特的作品里都有所涉及。

立了秩序的文化。如果把狄德罗这个立场推广开来，由于与语言的关系不同，精神可以一分为二：一种是以上我们提到的不会说话的精神，也可以说它们是直觉、感情、意志、情绪之类的因素，它们具有不可说性和神秘性的特点，艺术美学文学都在这里；一种是与语言联系起来的精神，它的标志是语言和理性，科学与哲学都在这里。我们看到，作为美学家和文学家的狄德罗对作为几何学家和哲学家的达朗贝尔不以为然，他有意让达朗贝尔做梦，而梦在理性之外。狄德罗有意古怪和谵妄。荒唐的却成为深刻的。总之，语言与感受性的不一致揭示了人的荒谬或者自相矛盾，它的意义却是哲学的：理性靠语言分析，感受靠直觉体验，它们之间的距离是不可抹杀的。

这样的看法影响到我们对狄德罗的判断，他是文人文学家剧作家文艺批评家书画鉴赏家等等，最后我们才说，他也是"哲学家"。这是因为，按照传统的标准，狄德罗就不是一个哲学家，他没有自己的哲学体系和属于这个体系的话语。事实上关于狄德罗是否为哲学家的争论一直持续到现在。按照我们的说法，狄德罗是一个风格特殊的唯物主义者。这个风格就是他的美学家的风格。他是一个"不谈论唯物主义的唯物主义者"[①]。我们说狄德罗的唯物主义风格是美学的，一个重要原因是他抛弃了传统哲学的本体论方式。狄德罗对表达方式和风格非常感兴趣。他放弃了传教教学式的哲学，而采取了文学方式，给哲学以一种荒唐的外

[①] 《18世纪唯物主义者》，帕约—里瓦戈出版社1996年版，第199页。

表,但却不乏深刻。狄德罗运用得最为熟练的是对话体裁,对话是他基本的表述方式。从文体看,对话基本属于文学,但是狄德罗用对话方式讨论哲学,寓哲学于文学之中。同样的原因,他在讲哲学道理时和他的小说一样诉诸热情和感情,绝没有德国哲学家那样的冷静。那些语言中的热情多于其中包含的理性,这也是18世纪法国启蒙思想家的基本特点。如此,我们对他们及后来大革命中的精神自由口号,就要从它包含的双重性意义加以理解:它确实说出了理性的道德乌托邦意义,但是还有理性之外的东西说不出来,而是在热情和行为中体现出来(比如大革命过程中的恐怖)。可是在这两者之间不乏冲突与自相矛盾之处。

18世纪的法国唯物主义者也是才华横溢的博学者,狄德罗是其中的典型代表。在表达的形式方面,狄德罗采用了最能激起一般阅读兴趣的文学;在思想资源方面,他也不乏专门性的知识,特别是自然科学知识。狄德罗熟悉他所处时代的化学、生理学、医学等等(《达朗贝尔之梦》的写作则具有生物学知识的基础,但是它以哲学问题的方式提了出来:生物链条是连续的,又是有区别的,因为它们的性质多种多样。从最迟钝的物质到最活跃的物质,中间有数不清的过渡阶段)。如果不从这些专门学科角度解读狄德罗的唯物主义文本,我们甚至不可能理解。狄德罗绝不是一个癫狂的怪人,他阅读了大量的科学书籍,他的《生理学要素》甚至是一个专业读本。这一切告诉我们,唯物主义哲学是哲学一词的另类,它一直朝着与形而上学相反的方向。随着自然科学的渐渐繁荣,到了狄德罗的唯物主义,则具有结束以往哲学形态的倾向。就这个意义而言,它可以直接过渡到马克思的唯物主义。

　　狄德罗表达了一种独特的、讲究表述风格多样性的唯物主义。当他表达一种相似的思想时,总是采取不同的迂回方式:《供明眼人参考的谈盲人的信》描述的是一个天生盲人的感受,这个感受也就是他的感受;在《关于解释自然的思想》中,他以简洁的方式提出一系列问题;在《达朗贝尔之梦》中,上场的主角则是一群蜜蜂、羽管键琴、吐丝织网的蜘蛛。鹅毛笔、墨水、纸张、笔迹、感官的官能、物流的感受、肉体弹击灵魂、死的迟钝与生命的勃发之轮回、原子或单子变形为他者……所有这些都是狄德罗唯物主义的痕迹,就像他陈旧的稿纸是物质的文本,笔端下淌着物流。也有人把它叫做活力论或物活论。由于这个思路诉诸了丰富的想象,它也是思辨的,且富有诗意。

　　可以从不同的方面描述狄德罗的唯物主义,比如说讲究形式的唯物主义。狄德罗在《生理学要素》中说。"我觉察到什么呢?形式。还有什么呢?还是形式。我不知道内容。我们漫步在阴影中间,无论对我们自己还是对别人都是阴影。我所看见的天穹对从另一个角度观看的另一个人来说,却是一个无。"[①]狄德罗非常注意他的表达方式,思想却成了表达方式的结果。此外还有人称他是"妄想或者谵妄的唯物主义、生物学的唯物主义、化学—活力论的唯物主义、中了魔法的唯物主义"[②]等等。妄想——谵妄——生物学——

---

① 《18世纪唯物主义者》,帕约—里瓦戈出版社1996年版,第206页。
② 布尔丹(Jean-Claude Bourdin):《狄德罗:唯物主义》,法兰西大学出版社1998年版,第13页。

化学——物活论——魔法,它们的原材料却是物质,物质变形为不同的形态,其中带着隐语和诗意。做梦的狄德罗所看见的各种各样的形象通过一次奇怪的谈话,阐释了带着上面那些标签的唯物主义。狄德罗所谓万物普遍的感受性,是"妄想的唯物主义"的一个结果,它在形式上混杂着科学与想象中的思辨。这想象超越了学科的界限和秩序等等。

　　无赖拉摩的侄儿、被院长嬷嬷描绘成中了邪的修女、做梦的达朗贝尔、盲人、聋哑人,如此等等。这些就是狄德罗选中的角色,他让这些人说出谵妄的唯物主义。为什么不选择一些"正常人"呢?什么样的人才是正常人呢?我们看到狄德罗与18世纪罗马教皇和法国国王所代表的正统立场的冲突,因为社会排斥唯物主义,说他们是一群放荡的不信教的疯子。专制制度镇压反对派或政治犯的普通办法就是把他们说成是疯子。狄德罗在《供明眼人参考的谈盲人的信》中就说出这样古怪的话:物质也许能思想?我们想狄德罗这里并不是说人,而是说物质本身。这就不是人而是物的目光。这样的可能性是一种陌生的可能性,故而谵妄。陌生的也就是不着面的。天生的盲人先天就堕入深渊之中,他的感官和脑子经历着黑暗和死亡,故他能说出明眼人说不出来的话语和看不到的景象。谁是明眼人呢?按照习惯思考和做事情的人。但是盲眼人的话却可能比明眼人说的更真实。

　　狄德罗"谵妄"的唯物主义超越了古典的唯物主义,其中隐含着影响黑格尔和马克思的辩证法。比如在《达朗贝尔之梦》中,狄德罗强调过程:拉网的蜘蛛是其身体的一个延伸,食物被消费,产生身体,相反的东西是相成的。马克思在谈到生产与消费的关系时就举了身体的例子,用以说明生产和消费是一个过程;而在黑格尔那里,则是观念的消费和生产,他把这说成是扬弃。《达朗贝尔之梦》中既有"辩证"的"唯物主义",也有"辩证的唯心主义"(对梦的消化产生了清醒的观念;盲眼人的话是说给明眼人听的)。所有这些,都不是洛克的经验论所能解释的。在狄德罗那里,只有感觉经验是远远不够的,还需要思考和判断,也就是解释。在盲眼人那里就有这样的综合活动,这是否也启发过康德呢?因为康德也不满足于简单经验的判断,从而有他的"先天综合",它是狄德罗的蜘蛛吐出的丝网吗?

第三讲

尚杰讲
狄德罗

美学思想

狄德罗在西方美学史上占据重要地位:他不仅代表他个人,在很大意义上,他也代表了18世纪法国启蒙运动中崇尚自然的审美情趣,这种兴致与以卢梭为代表的浪漫主义运动是交相辉映的。在众多启蒙思想家中,狄德罗的美学作品最为丰富,涉猎非常广泛,并且极有新意。在我们看来,为了理解狄德罗的哲学,首先要研究他的美学。正是在美学著作中,狄德罗开辟了一条认识和欣赏自然的新途径。从美学入手,可以隔离我们对狄德罗哲学的某些偏见。就是说,狄德罗的哲学充满思想情趣,而不是任何一种教条意义上的、单调的唯物主义独断论(后者的危险性就在于导致对狄德罗思想的某种概念化曲解,这也曾经是中国哲学界在很长时期内的理解误区,它使人误以为狄德罗的思想只是"战斗的",却不过是浅薄的,淡而无味的)。诚然,狄德罗相信自然的感觉,但是,关于这里的"自然"和"感觉"的丰富含义,我们还是陌生的。

文艺天才:狄德罗认为,从根本上说,文学艺术创造是一种天才的能力。狄德罗这里所强调的,并不是我们研究习惯中通常所谓的"唯物主义反映论",而是文学艺术创造过程中的特殊思路。他在与达朗贝尔共同主编的《百科全书》第7卷"天才"词条中,对艺术天才的思路做了精彩的描述。什么是天才?狄德罗开门见山:"精神的延伸,想象的力量,心灵的活动,这就是天才。"①这里说的实际是一回事,都是天才的活动方式。大多数人之所以不是艺术天才,就在于他们只是局限于对感觉对象的简单印象。虽然他们的视觉、听觉、嗅觉、味觉、触觉是生动活泼的,但是仅仅局限于生活中的需要,它们在天才的心灵之外。而天才却能从自己的原始感情(感情不是感觉,感情是感觉的延伸)中滋生出一种特殊的热情。这热情之所以特殊,就在于它敞开了常人所看不见的心窍(精神的延伸)。于是,当天才和普通人感受同样的对象时,天才能体验到更多的东西:天才更敏锐,其快乐和痛苦的感受力都异于常人。一件常人看来微不足道的小事,却能唤醒天才绵延不断的思绪或者想象,并且把它延伸到我们看不见的地方,并在那陌生之地滋生不可直接感受的热情。这些热情相互缠绕和增补。

总之,"天才并不限于看见,他被激动起来:躲在

---

① 《狄德罗美学选集》,加尼耶兄弟出版社1965年版,第9页。

自己的领地里,沉寂而晦暗。天才享受着这块领地,它丰富多彩,令人愉快"[1]。天才活跃在阳光照耀不到的地方,与惊涛骇浪搏斗,他的心灵或痛苦、或快活,点点连着一个个瞬间,因为天才就在于捕捉瞬间感觉的能力,把感受中的痛苦变成文艺创造中的愉快的能力。天才是吝啬的,他竭尽全力挖掘心窍的扩张能力,让它走得越远越好,直到看不见的地平线。天才不用概念,而调动各种各样的色彩,描述普通人无法叙述的特征,他展现在人们面前的不是一个身体,也不是这个身体的心灵,而是它的幽灵。幽灵比心灵更加诡秘。天才的作品就是这个幽灵,只有灵感才能接近的幽灵。在描述苦难时,天才好像拥有变痛苦为快活的魔法,他让人们隔着变色的窗子看,使我们激动起来的热情得到升华。天才从不躲避阴暗、凄惨、恐惧等等,相反,他玩味这些因素。这更能激发他的创作才华,适合他天生忧郁的性格。忧郁的色彩是灰色暗淡的,不是光明的。18世纪的欧洲古典浪漫主义运动,从它所描写的细腻情感倾向角度说,并不是朝着理性启蒙或者光明,而是光明的背面,一个被我们忽视了的,启蒙世纪的另一半。狄德罗这里所说的天才,正是活跃在这朦胧的领域。文艺天才与哲学家不同,因为天才拥有的不是概念,而是各种各样的素材,用以制作的材料和技巧,自己也琢磨不透的幽灵,如此等等。天才给思想绘上色彩,让思想变得有声有色。天才的为人可以是冷淡的,但他在创作时肯定是个热情之人,热情到让自己创造的角色使自己激动起来,让自己顺从这些角色的性

---

[1] 《狄德罗美学选集》,加尼耶兄弟出版社1965年版,第9页。

格,以至于忘却了自己。

狄德罗把文艺天才与一般作家区别开来。两者之间的区别在哪呢?狄德罗认为,一般作品局限于一种大众化的有趣,而天才作品则升华为崇高。崇高是情趣的更高境界,热情的升华。这里,狄德罗所谓艺术上的崇高是感性的,是与概念推理证明之类逻辑的东西相悖的,从而难以言传,只可意会。我们体会到崇高的情节:它的内容似乎让人或恐惧、或痛苦、或惊愕,但它在我们心底里唤醒的艺术享受则不仅是有趣,而且更是美的欣赏,更是思考,这些把我们带入新的境界。我们看到,在狄德罗那里,天才能力在于对感受内容有异乎寻常的想象力,这想象唤醒的不是观念或者概念,而是不受概念束缚的情感。

"天才并不永远是天才,有时,与其说他是崇高的,不如说他是可爱的;他感受和描绘的与其说是对象的美,不如说是对象的亲切优雅;他体会的与其说是分心走神,不如说是一种轻柔的感情。"[1]这里强调的是天才的快乐方面。天才遭遇的总是普通生活,他能发现生活中的新颖之处。当一种现象与习惯的秩序相悖时,往往就是新的。天才能抓住新现象的出现方式,世俗的眼光总是从习惯角度看待它,"……天才却在破坏一般秩序的因素中发现它,感受它"[2]。

狄德罗又认为,天才与一般所谓"goût"(法文:情趣的式样或者风雅)不同,"有风雅(goût)的人区别于天才:天才是来自自然的纯粹的赐予,他创作的是片刻

---

[1] 《狄德罗美学选集》,加尼耶兄弟出版社1965年版,第11页。
[2] 同上。

的作品;风雅却是筹划和时代的产物,它坚持建立或者设定许多规则,它产生的美只是约定的俗套。按照风雅的规则,一件东西要是美的,它必须优美漂亮,完美无缺……;(但是)对天才来说,美的模样是不可规定的,它险恶陡峭,荒芜孤僻。崇高和天才在莎士比亚那里闪闪发光,就像长夜中的烁烁明灯。拉辛是美的,荷马则充满天才……"①。这是一段非常精彩的论述:风雅的情趣固然能使人愉快,但是它充其量只是一种时尚,透着一种矫揉造作(筹划)。风雅或者时尚(比如谈吐、穿戴、举止等等,)一定有自己的某种标准,而且逐渐扩展为更多人的"准则",并在最后落入大多数人的俗套,成为风俗。这时,新的风雅就要应运而生了,于是开始新一轮的循环。但是,天才之所以能被如此称谓,却在于它是可遇而不可求的,我们不知道它何时降生,它是偶然的,短暂的,转瞬即逝。它实在是突发的灵感,珍稀的东西岂能常有?就此而言,天才的作品与所谓的"优雅"或者"时尚"无大关系,它是超越时代的。值得我们注意的是,当狄德罗认为天才作品是来自自然的赏赐时,他把这个"自然"理解为原始的、蒙昧的、孤独的,像沙漠和大海一样的崇高境界。这样的境界又像是遭遇冥冥,天才的作品就写在异域之中,它们似漫漫长夜中的点点星光一样永恒,就像荷马和莎士比亚的作品一样。

天才是不守规则的,"风雅的规则为天才设置了障碍,天才要打碎它们,以便能飞向崇高,飞向悲壮,飞

---

① 《狄德罗美学选集》,加尼耶兄弟出版社1965年版,第11—12页。

向伟大"①。这是另一种情趣——天才的风雅。天才的特征是创造,而不是摹仿,创造总是打破常规,最大的常规是人们行为中的习惯和言语中的语法和句法,总之是习惯的做法和用法。习惯是有界限的,但是人的念头无界。人总是想的多,说的和做的少。人总是有许多念头表达不出,不知说什么好。天才对这种情形感受最深,他深感词的无用,想弃词不用,但这不可能,于是求其次,尽量少重复习惯的词语,在风格上创新,其趣味骇世惊俗。与习惯对抗,最需要的不是概念沉思的能力,而是想象的能力,这是艺术天才与一般哲学家的主要区别。在这方面,狄德罗对哲学颇有微词,哲学忽视想象能力。就此而言,哲学低于艺术:"哲学需要的注意力也许是谨小慎微的,怯懦而放不开手脚。哲学习惯于反思,几乎总是与想象的热情相冲突……哲学应该以热情寻找真。"②狄德罗的美学与哲学思想是连在一起的;狄德罗是一个性情中人,一个热情的人。这里对我们至少有四点启示:其一,法国启蒙时代的哲学与其后不久的德国古典哲学的一个标志性区别在于,两者都追求真理,一个有热情的想象,一个有冷静的沉思;其次,我们应该重视从"热情的想象"理解狄德罗的哲学,这是因为,以往对狄德罗所谓"唯物主义反映论"的分析,往往导致一种放不开手脚的理性结论,由于过于强调哲学史上唯物主义与唯心主义斗争的两条线索,给狄德罗贴上他本来没有的标签,从而离开狄德罗的本意甚远。如果我们的判断成立,那

---

① 《狄德罗美学选集》,加尼耶兄弟出版社1965年版,第12页。
② 同上书,第12—13页。

么,至今为止,我们还没有真正揭示狄德罗哲学的价值。再次,想象是一种看不见的活动,它与"谨小慎微"、"放不开手脚"的所谓"唯物主义反映论"不同,想象包含的因素不仅有热情,也是心情。想象的哲学也是心情的哲学,它区别于冷静沉思的哲学,它所追求的真理,与其说是"理念",不如说是幸福。最后,也是一个会引起争论的话题,即"冷静的沉思"是否比"热情的想象"更为"深刻":不用多言,学习研究哲学的人,几乎都认为康德黑格尔比卢梭狄德罗之流深刻得多,但是,这种印象有一个潜在的没有说出来的前提,即把哲学理解为笛卡尔式的沉思。有趣的是,这种看法却把笛卡尔的怀疑过程中的"想象"或者"疯癫"因素,也即非理性因素——直觉、意志、情感等等排除在外,这些因素在狄德罗的美学中有非常重要的作用。但它们却是被传统哲学排斥的方面。这些因素是哲学的"阴影",却也是另一种深刻,后面的尼采、柏格森、胡塞尔(现象学活跃在传统哲学理性之外),以及20世纪法国哲学家所循的轨迹正是这一异类的深刻,其隐晦正由于它在传统哲学理性之外。想象和热情是不透明的,语言充满个性化(我们把这些理解为现象学的意向性),于是就隐晦。当狄德罗批评传统哲学只是寻找不同对象中共同的东西(于是,哲学概念成为没有个性或性别的语言)时,他的目光属于当代哲学:"哲学家……不接受任何一种没有和其他感觉相比较的感觉,他寻找不同的对象所拥有的共同的东西,这共同的东西与不同的对象区别开来。这共性为了靠近那些遥远的观念,一步又一步走过长长的隧道……把一只显微镜架在一个感觉不到的点上,只在长久的注视之后,才相信看到了它们"①。这是哲学的一般思维方式,它的"一般性语言"需要冷静而不是热情,不是"我"、"你"、"他"而是"我们"、"你们"、"他们",从而抹去了语言的个性。但是狄德罗寻找的文艺天才是"一些被想象占据的人,他靠一些环境和感情联结观念,他只有在与那些可以感受的观念的联系中,才能不时看见抽象的观念……他现身自己的幽灵。看见自己创造的景象,他热情倍增……哲学生产中的真与假,并不是天才的特性……他于冥冥之中汲取了可以充分发挥的原则;他极少遵循因果的链条;他是不思索的,我用了一个蒙田的表达。在他(即天才)那里,想象多于看到,创作多于发现,诱惑多于安排。他激励了柏拉图、笛卡尔、马勒伯朗士、培根、莱布尼茨"②。狄德罗认为想象力也是哲学家发现真理的动力。哲学家也是具有超出常人的想象能力的天才,但是人们却很少提到哲学家的想象力,好像哲学家在构造自己的体系时只有沉思的能力。哲学家的热情是我们看不见的,而文艺天才却潇洒得多,他不像哲学家那样为透明的真所累,可以不管推理,好像不思索似的。能"不思索"和一蹴而就的,是蒙田一样的不受束缚的天才。哲学家和文艺天才都靠想象,他们之间的区别在于,想象是否用情感给我们以形象化的感受,使我们激动起来。

《关于私生子的对话》③是狄德罗一篇出色的美学

---

① 《狄德罗美学选集》,加尼耶兄弟出版社1965年版,第13页。
② 同上书,第14—15页。
③ 狄德罗:《关于私生子的对话》,参见《狄德罗美学选集》,加尼耶兄弟出版社1965年版,第70—175页。狄德罗在写完这篇对话不久的1757年,写出五幕剧本《私生子》,它的基本情节是上述对话中的对话者多瓦尔如何非法出生。

作品。我们把它看作关于"天才"问题讨论的深化。我们感到兴趣的,是它与卢梭风格的接近。文中与"我"(即狄德罗)对话者多瓦尔也是"自然之子"(法文 fils naturel 通常译为私生子,它的直译是"自然的儿子"),或是另一个狄德罗的代言人(意为与理性的狄德罗不同的,热情的狄德罗,所以狄德罗在这里实际是自己与自己对话)。自然之子多瓦尔是一个忧郁伤感的英雄和有才气的天才。他不是传统意义上的哲学家,他的焦躁正来于对这样哲学的怀疑。这篇对话的实质是理性与热情的遭遇,两种不同声音的混淆——这也是狄德罗著作的最主要特征(具体亦可参见"拉摩的侄儿"一节)。这样碰撞的心灵一定是焦虑不安的:多瓦尔吐露心声,与外在伪装做作语言不同的内心语言,像卢梭的幽灵①。多瓦尔大声疾呼:啊!自然,你是一切真理取之不尽的源泉!这样的表达也是卢梭的风格。当多瓦尔宣称我们的诗人就住在湖边时,简直就直接暗指希望在日内瓦定居的卢梭。卢梭与多瓦尔一样多愁善感。

自然之子是简朴的、原始的、忧郁的。这是浪漫的本来含义,它与奢华互不相容。狄德罗在作品的序言中这样介绍多瓦尔在对话时的模样:"宁静铺在他脸上,眼里闪着愉快,声音中有难以表达的柔情,他的谈话婉转动人……但是由于在秋天人们只能看到夜晚,

---

① 狄德罗在 1756 年夏季撰写了这篇对话,但他在同年 4 月 12 日拜访了卢梭,并在那里住了三天。"多瓦尔变质了的声音不就是卢梭的声音吗?卢梭在《忏悔录》中描述过的'乡间的谵妄'不就回答了这里使多瓦尔感到快活的'森林中的神秘恐惧'吗?"参见《狄德罗美学选集》,加尼耶兄弟出版社 1965 年版,第 74 页。

模糊而多云的天气,光明躲在乌云背后,只是瞬间闪烁一下,就消失在晦暗的天穹。不一会儿他脸上的快乐(也)溜掉了,重新坠入沉默和伤感。"①这是多瓦尔!这是卢梭!是狄德罗与卢梭一对老朋友间的相互述说。这时两个人同样的谵妄、多疑、孤独,相对无言:"这时,整个世界都退去了,我走出我的角落……我嘟囔着安抚自己,因为我有一颗忧伤的心……这是我们(狄德罗与多瓦尔)的谈话,但是,多瓦尔对我说的内容与我记下的内容之间是多么的不同啊!……它们也许是同样的观念,但是天才已经不在我的笔下……我努力在内心搜寻活脱脱的多瓦尔出场时的自然情形,但我白费力气,不能恢复他的音容笑貌,我再也见不到多瓦尔了(这里狄德罗也许暗指他与卢梭在这年春季的会面是最后一次),听不到他。阴暗的书房,到处是布满灰尘的书籍,我在这里是孤独的……"②多瓦尔像个幽灵,一个有着卢梭气质的幽灵。幽灵之所以为幽灵,在于它不显现,狄德罗不能在笔下恢复它;又因其抓不住,所以那个幽灵才是一个天才。多瓦尔身上笼罩着一种神秘的气氛,虽然狄德罗看不透他,但是两人的心却是相通的。

　　以下,我们在多数情况下不得不以述代引,以减少由于过多的引用而导致的不连贯。当我们这样做的时候,不能不对狄德罗做某种精神上的增补,这是不可避免的:多瓦尔观察社会时,并不抱着总体性的态度,他认为社会的事务就是一些小小的碎片、偶然性,这就是

---

① 《狄德罗美学选集》,加尼耶兄弟出版社1965年版,第74页。
② 同上书,第78—79页。

我们每天注意到的事情,所谓真实就是瞬间的真实。如果顺着多瓦尔这样的判断思路,总体性构造的真理就成了小说和戏剧一样的东西,不是真实的生活。多瓦尔更注意赤裸的、原来的感情。这样的目光自然而然朝着女性化方向。就此而言,浪漫的狄德罗、卢梭、多瓦尔都具有女性特征:内向化、羞怯的热情、不喜暴露自己、与自己说话。对话一开始多瓦尔谈到了戏剧。他的问题是,戏剧怎么让人倾听难以说出的精神痛苦;他聆听自然的声音,真实又简单,像沙漠的荒芜,那里孕育着绝望;他喜欢看夕阳下坠的黄昏,他的心情也是这样的暮色。太阳在睡去,慢慢地,他见不到什么,只有倾听:风声紧,流水潺,林涛吼,周围野蛮而孤独。急流森林远山的深处,是我们听不到的。这就是狄德罗与多瓦尔对话的场景。就像多瓦尔说的,这儿真好!他喜欢这儿的神秘,甚至喜欢他感受到的恐惧。这是他吐露热情的圣地。远离城市的喧闹,心声伴着自然的节奏,漂浮流浪。这是一种逃避,躲开文明。多瓦尔甚至寻找一个能启发他灵感的山洞,让他的声音,他的热泪融入洞里的泉水。那儿真好!不遭遇荒凉,人就不晓得什么叫崇高。在这儿的孤寂中,话语几乎是无用的,因为这里没有文明的对话者。听到的语言不是人的,而像似神的,就像海德格尔所谓语言是存在的家园。诗的语言,多瓦尔和海德格尔的语言,变质变调的是这些语言,还是文明的语言?但在这样的境遇中,我们不仅想到诗,也有阴森;想到死,彻底的异域。自然的野蛮是文明的异域。野蛮的诗句蘸着海水,划着树枝,刻在沙丘,留在废墟。那儿沉醉的是物质,不是精神。难怪狄德罗发出这样的叹息:"啊,伟大的自然,一切美好的东西都在你的胸怀,你是所有真理取之不尽的泉源!"①这也是狄德罗、多瓦尔、卢梭的热情,浪漫主义的热情!自然的热情!想象力就这样激动起来,浪漫的文笔倾泻而出,愕然、感动、自卑、愤慨,如此等等。诗样的热情,没有丝毫做作。

这儿是陶醉,以至于多瓦尔向狄德罗询问:怎样才能从熟睡中醒来?这儿也是冥冥,乌云压顶。我们发现,在每篇对话的开头,狄德罗都要描述大自然的景色和声音,赤裸且神秘隐晦,从那里唤起热情和想象。狄德罗从不经雕琢的自然观出发,通过多瓦尔之口,批评古典主义把戏剧只是武断地分为悲剧和喜剧。狄德罗提出原创性的正剧理论,这理论最初来自于大自然的启发:自然的真实表现在它的严肃。这里的严肃是与夸张相对而言,无论是悲剧还是喜剧,都隐含着人为的夸大和渲染,眼泪或来自悲痛,或来自滑稽,走到两个极端。狄德罗认为,悲剧和喜剧都不符合情感的常态,因为在大多数情况下,人的心情既不悲也不喜。这时,人们的面孔是严肃认真的。可是,狄德罗这样的判断,在传统悲剧和喜剧的区分中是难以出场的,没有了夸张,观众既哭不出来,也笑不出来,它导致平淡。我们却认为,这平淡中却蕴含着戏剧新的生机。平淡让戏剧不知所措,感到尴尬。"然而在我看来,这样的情形是生活中最为常见的状态,我称这样的通俗为'严肃的世态'。"②可是,"严肃的世态"在传统的戏剧中却

---

① 《狄德罗美学选集》,加尼耶兄弟出版社1965年版,第98页。
② 同上书,第136页。

没有归属。① 所谓归属,即归结到戏剧文明。文明的标志就是装饰,掩盖,体现在戏剧上就是夸大其词,为赤裸套上衣裳。"……人总是按照自己的意愿打扮自己的模样,但是人总能感到帷幔下的裸体……衣服包裹下的人并没有消失。"②裸体是人本来的样子,但却被文明视为惊世骇俗的,最容易的反而最不容易看到。伊甸园中快活的亚当,如果他投身到现代社会,却只能偷窥裸体的夏娃,像负罪一样。衣裳是人的界限,就像悲剧和喜剧是戏剧的界限。狄德罗的所谓"正剧",就是主张回到自然状态,消解界限。语言也是人的界限,裸体不仅剥夺衣裳,也剥夺语言,因为它们是原始爱欲的累赘。正是在这样的意义上,狄德罗谈到了哑剧动作:"应该关注哑剧,就那样做戏剧动作,它的效果是短暂的……人们看到的场景越好,就越是欢喜。"③就是说,无论戏剧还是人,行为比言语更重要。

赤裸的正剧不相信文明的概念和口号,"我相信美德只是一个无用的幽灵;生活就是现在的命运;幸福根本就不存在;安宁只有在坟墓"④。这样的心灵是焦躁不安的,它不想做悲剧和喜剧导演下的傀儡。这也就是我们在前面说过的原始性,灰暗的景色和状态,象征着对文明生活的绝望。尔后又有麻木:"多瓦尔不再爱,不再恨,不再说,不再看,不再听。他变得愚蠢迟

---

① 我们注意到,在实际的情形中,平淡的、严肃的、自然的作品却被人们极不自然地称作荒诞难解的,比如20世纪法国作家萨特的《恶心》,加谬的《局外人》,都是从原始的目光描述精神的感受。我们认为,所谓"荒诞"之说,来源于它破坏了人们文明的理解习惯。
② 《狄德罗美学选集》,加尼耶兄弟出版社1965年版,第138页。
③ 同上书,第139页。
④ 同上书,第144页。

钝，内心不能唤醒任何感情。"①这预示精神上的死亡，在这样的情形下滋生的任何东西，只能是疯癫。这是人的退化：人重新成为哑巴，就像原始人的目光，盯着与现代人不一样的东西。原始的目光不会写，它的感受对现代人来说早已死亡。这样的气氛却是诗意的，因为诗与文明势不两立。又是荒谬的。

狄德罗为自己发明了正剧而激动不已，并且写出剧本《一家之主》。然后他又发表《论戏剧诗》。使戏剧诗化，这是对正剧理论的增补。狄德罗声称，"诗意味着某种异忽寻常的，尚未开化的，野性的东西。"②诗本能地抵抗规则和习惯，不与摹仿为伍，守着自己的少数和孤独。"一般说来，一个民族文明教养程度越高，它的风俗就越是缺少诗意，所有的一切在磨合中变得衰退了。"③这也是卢梭式的语言：文明的进步同时也是退步，技术逐渐代替人的器官，人的舒适是以丧失自己自然的敏锐为代价的（显然，当爱尔维修说人是机器时，狄德罗绝没有和他站在一起）。对于蒙昧时代，狄德罗的立场是："我不说它的风俗好，但是它富有诗意。"④诗需要野蛮的自然、惊涛骇浪、冥冥夜色中的恐惧，诗会在风平浪静中毁了自己，所以狄德罗说，史诗和戏剧诗需要赤裸的风俗，要有灾难和不幸相伴。幸福的人是不会欣赏诗歌的，因为他不会理解悲壮和崇高，大自然赋予他的鲜活想象力已经枯竭，他不愿意遭遇陌生的风险，更不会正视死亡。

---

① 《狄德罗美学选集》，加尼耶兄弟出版社1965年版，第144页。
② 同上书，第181页。
③ 同上书，第260页。
④ 同上书，第261页。

有了以上的铺垫后,我们再来看狄德罗最著名的美学论文《关于美的本性和起源的哲学研究》(以下简称《美的起源》)。① 这篇论文实际上也是狄德罗为自己主编的百科全书所写的关于美的词条。这个词条内容丰富,哲理性强,甚至有些晦涩,所以它更像论文。在它发表前不久,狄德罗曾经就美本身写过一段总结性的文字,可以代为《美的起源》的序言:"通常说来,愉悦在于对关系的感受。这一原则出现在诗、绘画、建筑、道德,总之所有的艺术和科学之中。一架美的机器,一幅美的画面,一根精美的柱廊,只有通过它们使我们感受到的关系才使我们愉悦……对关系的感受是我们的赞赏和喜悦统一的基础……这个原则也作为关于风雅的哲学文章的基础……风雅一般说来就在于对关系的感受。一幅优美的画卷、一首诗、一段好听的音乐只是通过我们感受到的关系取悦我们。"②我们知道,在狄德罗之后,有康德在《判断力批判》中关于美与关系的论述。狄德罗启发了康德吗?如果这个判断成立,我们怎么看待两人的关系呢?但是,我们不能说狄德罗的美学理论只是因为接触到康德的理论才显得重要,我们只关注狄德罗对美的描述本身。

我们注意到,狄德罗是从哲学进入美学,这使得他的《美的起源》具有思辨性,尽管这是一种感性的思辨。狄德罗评论了历史上的哲学家和与他同时代的有代表性的作者关于美的看法:

---

① 《关于美的起源和本质的哲学研究》,参见《狄德罗美学选集》,加尼耶兄弟出版社1965年版,第387—446页。
② 《狄德罗美学选集》,加尼耶兄弟出版社1965年版,第387—388页。

（1）柏拉图有两篇关于美的对话,即《裴多篇》和《大希庇亚篇》。在《裴多篇》中,柏拉图实际上谈论更多的是自然的爱情,而不是美;在《大希庇亚篇》中,他直接告诉人们的是"美不是什么",而不是"美是什么"。也就是说,这两篇关于美的对话都采用了一种迂回的手法,并不像我们今天这样直接谈论什么是美;

（2）圣奥古斯丁曾经认为,一个建筑师为他的建筑设计了连拱廊,目的是使建筑的各个部分在整体上协调一致。但是,狄德罗的问题是,为什么一定要使用这种整体式的布局。回答可能是,这使人感到快意。但是,一个什么样的整体布局会使我们快乐呢?回答又可能是,把它布置得端庄、恰到好处、雅致等等。总之,因为布局的美而使我们快乐。但是这里有违反逻辑的循环解释:某样东西是美的,是因为它使人感到惬意吗?或者某样东西使人感到惬意,是因为它是美的吗?毫无疑义,美是使我高兴的一个原因,我像你一样坚信这一点。但是,我还要问你,为什么它是美的?如果我的问题使你难堪,这是因为你对艺术的把握还没有达到这样的程度。你至少相信你的建筑各个部分具有相似性、对称性,相互搭配形成了空间上一个让理性感到高兴的整体,这正是我想对你说的。确实,在物体中并没有真正的统一体,因为它们是由数不清的部分组成的复合体,其中每一个部分又是由其他无数部分组成的复合体。你所看到的统一体实际是这样的复合体,这样的统一体把你引导到你的设计构造中。你的建筑构造应该摹仿这样的统一体,而它是美的。但是普天之下,没有什么东西能被完美地摹仿是因为没有任何东西是完美的吗?难道不需要重新认识,超越我们的精神之上,还有某种统一体,它是原始的、至高无上的、永恒的、完美的? 它就是美必不可少的规则,不就是你在艺术实践中寻找的东西吗?① 这整段话代表的是圣奥古斯丁的观点,它实际上注意的只是美的事物之实在的方面,所谓事物形式上的统一性本身就是美的,就能自动引起人的美感,从而使人的审美能力成为完全被动的;

(3) 莱布尼茨的理性主义继任者沃尔夫在他的心理学著作中认为,一些东西使我们高兴,另一些东西使我们不高兴,这样的差别也就构成了美和丑的差别:使我们高兴的东西就是美的,使我们不高兴的东西就是丑的。沃尔夫还补充说,美在于完美。他区别了两种美:真正的美和外表的美。真正的美来自真正的完美,而外表的美只是表面上完美。狄德罗认为,"显然,在寻找美的道路上圣奥古斯丁比哲学家莱布尼茨走得更远:莱氏似乎首先假定一种事物是美的,就因为它(使我们愉悦,而不是因为只有它才使我们愉悦)是美的,就像柏拉图和圣奥古斯丁曾经提出的那样。确实,紧接着应该在美的观念中加进完美。但是,什么是完美呢? 完美比美更加清楚明白吗?"②狄德罗这里的意思是,沃尔夫的"完美"概念并不完美,因为美和愉快并不是因果关系。经验告诉我们,有些使我们愉快的东西并不美,而另一些东西虽然美,却并不使我们愉快;

---

① 《狄德罗美学选集》,加尼耶兄弟出版社 1965 年版,第 392—393 页。

② 同上书,第 394—395 页。

（4）克鲁萨①认为，美表示怀着喜悦或者赞赏的心情感受与某个对象的关系。在狄德罗看来，这并不是关于美的定义，而只是关于美的某种效果。克鲁萨和圣奥古斯丁、沃尔夫一样，对美的看法好像总是欠缺些什么东西，省略了不该忽视的东西——这与思考美时的思想方法有关：这些人只是从概念出发，这个概念就是美在形式上的统一性或者目的性。它也是单一性，就是说，只有怎样……才是美的。克鲁萨正是从这样呆板的目的性出发断定了美的五个特性（变化、协调、规范、秩序、比例），但是狄德罗却认为，不应该从思想概念出发讨论这五个特性，它们是具体的，不是五个词，也不是抽象的思想；

（5）哈奇森②变化了问题的提问方式，不问美是什么，而问什么是可见的？人们通常把"可见的"理解为外感官所看见的。但是哈奇森所谓的"可见"却是为心灵（内感觉）所感受，这才是美的。内感觉是人能区别出美的特殊官能，就像眼睛能看清颜色和形状，这也就是人们所谓的"第六感觉"。这也可以解释为灵感或者人的一种特殊天性。哈奇森区别了两种不同的美：所谓"绝对美"或实在美，就是在没有人在场的情况下，事物自身也可以有和谐、对称、秩序等等（狄德罗称作"外在于我的美"）。这有些接近圣奥古斯丁对

---

① 克鲁萨（Jean-Pierre De Crousaz）1663年生于瑞士洛桑，在自己的家乡，他是一个牧师和哲学教授。他于1750年去世。克鲁萨关于美的文章1714年在荷兰发表。

② 哈奇森（Francis Hutcheson）1694年生于爱尔兰。他的两部给他带来声誉的作品是《探究人类关于美与美德观念的起源》(1725)和《论自然与热情的行为》(1728)。他是狄德罗的一个朋友，他的美学观点对狄德罗有较大影响。

美的看法；所谓"相对美"与实在的事物及其功利和功用性无关，而只与人的"第六感觉"有关（"相对美"与狄德罗所说的"关系美"有密切联系，他也称作"关系到我的美"）。这与洛克的唯物主义反映论不同，因为洛克认为"对美和秩序的喜爱是便利、习俗和教育的结果"。换句话说，哈奇森认为洛克的观点将导致只是从外感觉解释美的起源，从而否认美感是人的一种天性，是一种更为精细敏感的心灵感受。①

哈奇森建立在"内感觉"基础上的美学观对狄德罗有很大影响。狄德罗的美学思想极其复杂，任何简单甚至独断都会束缚我们的理解。当狄德罗顺着哈奇森的思路，把内感觉引到"关系到我的美"时，就脱离

---

① 狄德罗从10个方面讨论了哈奇森派为"第六感觉"所做的辩护，其大意是：（1）人在天性上逃避使我们不愉快的对象，我们可以选择愉快而忽视对象；（2）影响我们的心灵，使我们高兴或者沮丧的不是对象性本身，而是它（比如作品）给予我们的方式：高兴与沮丧是由念头引起的，念头是由具体的情境（也就是狄德罗所说的"关系"）引起的；（3）念头引起的高兴或不高兴就是"内感觉"，美和道德一样在于内感觉；（4）内感觉的法则人人都具备并遵守；（5）人生下来先有与功利利害有关的外感觉，后有与美（品味）和善有关的内感觉。内感觉与反省有关；（6）虽然内感觉与外感觉都是"感觉"，但是激发它们的对象不同；（7）"内感觉"感觉到的美激发我们的心灵而不是五官。动物只有外感觉而没有内感觉，所以不知道什么是美；（8）对象是同样的，但是有人觉得美，有人觉得丑。从内感觉出发，一个令人不快的东西虽然是有用的，但是在我们看来并不显得美；一个美的东西虽然是没有功利用处的，却并不显得丑。就是说，美与对象或对象的功利性无关；（9）品位或者情调属于内感觉，而且在每个人那里都不一样，而外感觉的立足点却是"共同性"；（10）文明时代更从真的角度考虑对象的有用性，而在孩子和蒙昧人那里，则关注自然本身使他们高兴的方面，而不考虑对象的真假。换句话说，引起内感觉高兴的东西就是真的；文明更重装饰，蒙昧则重简朴，不是宫殿而是木屋，不是花园而是森林。参见《狄德罗美学选集》，加尼耶兄弟出版社1965年版，第396—400页关于狄德罗的"外在于我的美"和"关系到我的美"，参见《狄德罗美学选集》，加尼耶兄弟出版社1965年版，第418页。

了外感觉的"光明",来到幽暗——美就在这寂静孤独不透明处,它不依赖于人的知识能力,与功利性无关。这实际上是对所谓"绝对美"的否定,美只是对人而言,人不在场自然就无所谓美丑。哈奇森还认为,在内感觉上引起的变化越多,事物就越美。缺少变化,就显得无滋无味。

狄德罗对哈奇森的批评也值得我们注意,他认为哈氏所谓"第六感觉"的来源是神秘的,难以证明。狄德罗又承认"绝对美"或"实在美",他表示,无论我们是否想到卢浮宫的壁雕,无论那跟前有没有人,它就在那里,不影响它的美。这显示了狄德罗的唯物主义倾向。但是,他对美的基本判断是"美在于关系",也就是"关系到我的美"。这里"关系美"与"绝对美"是相互冲突的,因为只要有判断,就是人在判断,就成了"关系到我的美",而与人隔离开的卢浮宫之"美"则是完全的死寂。唯物主义者狄德罗在这里遇到了巨大的困难。或者说就狄德罗的美学而论,不适于用"唯物"和"唯心"字眼加以讨论。进一步说,如果狄德罗"美在关系"之说成立,美的倾向基本上却是"唯心"的。脱离人的沉默实在是无所谓美丑的,就像一堆胡乱摆放毫无意义的汉字,只有把它安置在上下文的关系中,才成为有意义的文学。这也就是狄德罗谈到的"情境"。文学之所以比哲学更"美":就在于文学的情境、情节等关系更为起伏不定(其他文艺形式也可以此类推:例如,绘画中色彩的浓淡和光线的明暗,音乐中音调的轻重和节拍的快慢等等)从而更加具体生动。狄德罗谈到一个生动的例子:一块大理石并不会引起普通人的在意,它的美,它的艺术寓意却一直在那儿,只有雕刻家才能深刻领悟。这种领悟也就是想象力。雕刻家一看到这块大理石,他的想象力变得比他的凿子还快,他隔离掉对艺术无用的多余成分,在大理石的线条中勾画出一个艺术形象。于是,大理石的美向他敞开了,与他想象中的线条相互吻合。在这个过程中,雕刻家可以说大理石的美是"关系到我的美",他就是美的开启者或创造者。

狄德罗对哈奇森提出的问题有浓厚的兴趣,并从12个方面找出了人的美感差异(也就是"相对美"或者"关系美",狄德罗也称作"关系到我的美")的原因:①所谓"关系"就是在情趣或情感活动中人与事物的关系,由于人不同,美感也就不同(我们觉得,狄德罗提出的这12个方面都谈论"关系",这里的"关系"也就是美感的"方向",有些类似于胡塞尔现象学的意向性概念,意向性的要害是方向性,不同的意向构成不同的通路关系)。狄德罗认为,"关系"到我的感受连接越多,美也就越多。美不是单纯一种关系,而是多种关系导致的——所以,一副有感情色彩的容颜比一种单纯的颜色美;布满繁星的天穹比蓝色的幕布美;一首乐曲比一种声音美,如此等等。也就是说,多视角比单视角美,变化比不变美。但狄德罗也认为,这些多或变的关系也不是越多越好,要把握一个比例,以免作品的负担太重,导致晦涩。此其一;在多种视角关系当中,有强有弱,强的诱惑我们的注意力,弱的便充当了配角或背景。强弱是相互搭配的。由于人们把握的"视

---

① 《狄德罗美学选集》,加尼耶兄弟出版社1965年版,第428—435页。

角"和"变化"的多寡不同,人们的美感判断力也就不同。此其二;虽然人们不能把握"关系美"的全部关系,但是这些关系中有的是直接的,确定的;有的是间接的,尚未确定的,隐藏着的。狄德罗更欣赏后一种美。他还提到美的"尺度",比如男人、女人、孩子高矮的尺度,人们不太知道怎样才算恰到好处,于是有了分歧。此其三;利害、热情、无知、偏见、习惯、风俗、气候、政府、教派,所有这些在每个人那里的效应都是不同的,于是形成自己特殊的思路。人总是抓住其中一点,不计其余。此其四;对象相同,但是观察者的能力和知识不同,感兴趣的角度不同,从而判断也就不同。此其五;人的感官能力天然具有差异。此其六;人们对文字含义的理解有差异,就像对绘画色彩的细致差别手足无措一样。此其七;立场或者观点意见的差别,它们形成偏见,这些与人所接受的教育有关。此其八;如上所述,时间、对象相同,但观察的人不同,好恶也不同;但即使同一个人,在不同的瞬间(以及不同的年龄阶段),对同样的对象,好恶也不会相同。这与人们感受性的变化有关。此其九;偶然因素也会影响到我们对美的态度。即使对象和环境是美的,但是如果它曾经给我带来不愉快,我在当下也不会感到它的美。此其十;因此,每个人实际上都是带着偏私判断美的。此其十一;凭名声作判断,这也是偏见。此其十二;狄德罗和卢梭的美学思想有诸多相似之处,比如两人都崇尚自然,都是古典浪漫主义的开创者……但是就美学立场而论,两人当中谁更"热情",更向往"真诚"呢?我们以为是卢梭:卢梭的热情使他到晚年看上去还像一个老小孩,他不能容忍任何矫揉造作的言行。在就戏剧问题致达朗贝尔的信中,卢梭甚至忘情地攻击表演本身是诱使人们堕落的因素;而狄德罗的热情中始终保持启蒙思想家本来的冷静和理智,在这方面,狄德罗与卢梭的冲突不可避免。就戏剧理论而论,卢梭的视野更像是一个哲学家,并与他回归自然的理想始终保持一致;而狄德罗显得更复杂老练,他更像是一个现场指导演员排戏的导演,告诉演员表演时应该遵循的原则。在这里,狄德罗的表演理论与他崇尚自然的美学理论发生冲突:他在演员的热情(演员忘情地投入他所扮演的角色时具有的自然感情。这时,演员似乎不再是演员,而是那个原型,一个真人。所有这些,要求演员动真情)和表演(要求演员不是动真情,而是动脑子。表演就是模仿,它只是一种纯粹的技巧)两大因素中选择了后者:狄德罗让演员的心思不放在所扮演的对象上,而是放在自己身上,练自己的内功——演戏过程中演员始终保持自己的冷静甚至思索,这是一种理智而非感情投入的态度——这样的态度更容易成为一种原则,一种理论。事实上,狄德罗这个演戏原则日后引起戏剧界长期争论,有巨大影响。

　　按照狄德罗的表演说或者模仿说,演员的感情比单纯的热情要复杂得多:演员是身心分裂的,他就是他自己,而不是他所要扮演的角色。换句话说,演员始终是一分为二的,他扮演的喜怒哀乐是另一个人的,不是他自己的。角色的性格不是演员的性格。或者说,演员可以是冷血的,没有性格的,就像一个机器人。角色的性格就是演员的性格。在这个意义上说,在演出过程中,演员实际上一直与陌生打交道:陌生的声音、动作、身体(虽然这声音、动作、身体就来自演员自己)。

属于演员自己的一切都派不上用场,所以狄德罗告诉演员,对扮演的角色不必在意,不必真动心,只要琢磨自己的表演或模仿技巧就行了。换句话说,这里显示了狄德罗的敏锐和他的天才——他觉察到演出过程中一个非常重要的问题,即演员在演出时的心思放在哪里。狄德罗告诉我们,演员与角色的感情并不融为一体。在角色的喜怒哀乐背后还有演员不在场的心思,不在场的眼睛。演员自己的心思和眼睛是在场的观众所看不到的,它躲藏在舞台背后,狄德罗恰恰就盯住这演出背后的东西。

所有这一切,是演员的荒谬、荒唐、不合情理、自相矛盾,如此等等。① 狄德罗说:"热情的人,残暴的人,性情中人,只是舞台上的,他们表演给观众,,但是他们并不充当这些人。"② 就是说,演员只是模仿这些人,就像是模仿自然一样。这里,狄德罗区分开人的两种能力:其一是自然的能力,这是每个人都具备的。它是表演所模仿的源泉,它来自自然的生活,但是它不是艺术;其二,一切艺术都来自模仿,至少狄德罗的戏剧理论是这样。但是模仿总是变形和夸张的,不会与原来的自然状态一模一样,否则就没有任何艺术。关于戏剧需要的手法或能力,狄德罗这里提到了想象、良好的判断能力、掌握精细的分寸、品位等等。所有这些,都是对演员的特殊要求,而不是单凭普通人的自然能力就可以做的(所以一个优秀的演员的成功绝不是仅凭相貌)。这些特殊要求既是理智冷静的,也是技巧上

---

① 狄德罗这篇论演员的论文题目是《论喜剧演员的荒谬性》。
② 《狄德罗美学选集》,加尼耶兄弟出版社 1965 年版,第 310 页。

的。这就要求"演员不是凭他的心情而是用他的头脑做到这一切……第一类演员(即狄德罗这里提到的只靠热情的心情表演的演员)被叫作疯子;第二类演员模仿他们的疯,却被叫作智者。正是智慧的眼睛捕捉到这些不同角色的可笑之处,并刻画它们,使你发笑……"[①]而那些让你在戏剧中发笑的东西如果出现在实际的生活里,可能会让你愤怒。现在由于有了舞台的隔离作用,怒颜就变成了笑脸,这就是艺术的作用。那么,演员的心思究竟放在哪里呢?

……演员的才华并不是像你所认为的那样在于感受,而在于认真地表演感情的那些外在征兆,你就是受那些征兆的骗。他痛苦的哭叫只是他耳朵中的音符,他绝望的姿态是事先默记下来,并且在穿衣镜前准备过的。他精确地知道何时应该掏出手绢,何时该流出眼泪。他说出那些话,时机恰到好处,不早也不晚。这声音的颤抖,欲言又止,它是抑制的声音……演员经过学习以后,能保持长久的记忆……但是在他那里,留不下心灵的任何麻烦、痛苦、忧郁、沮丧,留下这些印象的是你(观众),演员只是身体精疲力尽,而悲伤的是你;就是说,他忙活一气而没有任何感情投入;而你投入了感情,却没有忙活……演员并不是角色,他扮演角色,而且演得如此之好,以至于你把他当成了那个角色。错觉只是为你准备的,而演员清楚地知道,他不是角色……使演员平庸的东西正是过于感性化,它造就了许多糟糕的演员……演员的眼泪来自于他的大脑,

---

[①] 《狄德罗美学选集》,加尼耶兄弟出版社1965年版,第310—311页。

而性情之人的眼泪来自他的心情……①

批评狄德罗似乎是很容易的,但是能像他这样观察得如此细致却是非常困难的。狄德罗为演员设置了一个理想状态,它与被扮演的角色、扮演者的个人品质、观众都没有任何关系(好像是在真空状态,所以狄德罗的立场似乎很容易被驳倒)。它也是一种隔离后的还原,留下的剩余就是演员的本职工作:模仿。我们不能同意狄德罗的结论,但是我们欣赏他的思路和方法,从那里能得出许多富有启发性的念头:就像蒙田和帕斯卡尔谈论过的"分心"与"走神"。复杂的精神是可以一心二用的。胡塞尔现象学的精髓是意向方向的转移。这样的转移在胡塞尔那里,是绝妙的哲学;发生在过世俗生活的老百姓那里,则成为受人耻笑的疯呆(精神病患者的一个最基本特征,就是他的思路极其固执地不走正常人的路线,不是关注对象和周围环境,而是把眼睛总是盯着自己,所以他们也是极其自恋的人。这很像狄德罗这里所说的演员的情形:演员品德的好坏与他扮演的角色和欣赏他表演的观众无关);而出现在舞台上,却能造就一个出色的演员。从这样的意义上说,狄德罗的"表演术"既是一种技术,也是一种哲学。

---

① 《狄德罗美学选集》,加尼耶兄弟出版社1965年版,第313页。

第四讲

尚杰讲
狄德罗

狄德罗艺术妙语与风格

狄德罗不但编撰了启蒙时代的辉煌巨著《百科全书》,而且他自己的头脑就是一部百科全书,他几乎能对当时已经存在的所有学科,以充满智慧的语言娓娓道来,为后人留下了一笔极其宝贵的精神财富。这里我们并不深究狄德罗这样广博的学识究竟从何而来,我们只是像一只在万紫千红的原野中快乐飞翔着的蜜蜂,按照我们的喜好,从狄德罗丰富的著作中随意采集一些漂亮的花朵,以激发我们自己的灵感。

娓娓道来,就是狄德罗的语言风格,他以描述代替论证,或者是描述性的论证吧?就好像论证只是一个精神自我享受过程中的副产品,这种风格的效果,却是雄辩的,因为狄德罗总是用事实说话。

(一)戏剧　狄德罗也是一个戏剧理论大师。他认为一个民族的语言风格,造就了它自己的戏剧风格,有的民族习惯于穷思竭虑,所以善于编排悲剧,比如古代希腊民族;有的民族,即使在上演悲剧时,也掺杂着喜剧风格,比如法兰西的戏剧。就像天性诙谐的人,即使遇见庄严的事情,也要产生戏谑的念头。

　　戏剧与社会不一样,即使在生活中饱尝艰辛痛苦的人,也喜欢去看舞台上的悲剧。为什么呢?因为那并不是自己的痛苦,与自己的痛苦有一段距离。欣赏舞台上的悲剧,可以净化观众的灵魂,甚至可以感化生活中的恶人。悲剧让人们产生一种自然而然的怜悯心情,因为怜悯是人的天性。当然,滋生怜悯心要借助我们的想象力,想象别人的痛苦。别人心里压抑的心情,展现在观众面前,却会产生一种极其特殊的美感,这就是一种欢娱的怜悯,人们会感动得热泪盈眶。

　　具有创造力的戏剧作品,它的产生是一个非常艰难的过程。狄德罗多次在他的不同著作中讨论天才或艺术天才问题(关于这一点我们后面还要详细讨论)。天才首先要克服习惯势力,要忍受保守势力的批评、争议,但是,天才的作品,会带给人们异样的快乐,而人们在沉闷的旧的习惯文化状态下,早就已经厌烦了那些缺乏创造性的作品带来的庸俗的笑声。天才作品带来的新的乐趣,首先是被普通观众而不是同行专家承认的。总而言之,人们对天才作品最后会渐渐统一看法,接着,就会吸引众多的模仿者,模仿天才作品的创作手法和语言风格,于是,人们为了理解或解释的方便,就会为这样的风格起一个名字,也就是说,这就意味着产生了新的艺术流派。有了新的艺术规则。当然,这种新的艺术模式总有一天也会过时,成为人们抛弃的对象。这好像与人类喜新厌旧的天性有关,也就是欣赏口味的变化。这种变化是无穷无尽的吗?恐怕不一定,它是有一个定数的,也就是人们会不知不觉地回到更原始的口味,人们捡起似乎已经被遗忘了的旧传统,总比完全"史无前例"的创造更容易些。

以上的情形会给我们这样一种启示:如果人类的口味是不断变化的,那么,不变化的,可能就是变化本身。这个意思是说,在漫长的历史过程中,人的本性变化是最少的,比如贪婪和恐惧,一万年以后也还是这样。只有那些将所谓题材或"时代重大意义"等等宏大话语抛弃一边,或者只把这些要素作为作品的点缀,而集中主要精力塑造人性的作品才有最长久的生命力,就像莎士比亚的悲剧作品那样。

依照描写的对象,狄德罗对整个戏剧系统做了这样的划分:刻画人的缺点和可笑之处,是轻松的喜剧;刻画人的美德,是严肃的喜剧;描写不幸的人或事件,是悲剧的特点。狄德罗说,戏剧的编剧绝不仅仅具有讲故事的能力就行了。要把故事讲得有声有色,不仅要有趣,而且要有韵味和深刻的内涵。讲故事的人应该是一个具有诗人气质的哲学家。为什么是哲学家呢?讲故事的人必须深谙人的内心世界,从而洞察人类本性。为什么是诗人呢?因为知道人心还不够,还要有足够的能力表述出来,诗人象征着使用语言的最高能力,言有尽而意无穷。在这个基础上,最后才是其他素质,比如熟悉不同行业等等。

所谓洞察人性,具体而言,就是要充满感情地说话,感情是超越于观念之上的心情。一个剧作,越是有人性,观众就越是觉得距离自己很近;而越是有人性,剧本就越是显得有趣味;越是有感情,演出才越让人觉得充满趣味。没有感情因素的风格只是空洞的风格,是不能打动人心的。

要敏锐善感,善于观察人的本性。人的本性是不能用简单的好与坏加以衡量的,不能以道德判断代替事实判断,因为对人的本性之描述,属于事实描述。例如如果任何时代任何民族的人都是贪婪和恐惧的(区别仅在于对什么事情贪婪和恐惧),那么,贪婪和恐惧就是一个事实,它与道德评价无关。我们不能谴责事实,而只能去如实地描述事实以及这个事实会带给人类的幸福和灾难。一个人被说成是好人或坏人,事实上,人只是偶然地成为好人或坏人。就是说,在某件事情上他可能是好人,但是在另外一件事情上,他又可能是坏人。在好与坏的背后,其实是共同的人性起作用。比如好人和坏人其实都具有怜悯之心。

要关注人的感情,而不仅仅只是调侃或玩世不恭。其实玩世不恭者,也是有感情的,区别只在于他把自己的温柔的一面深深地埋藏起来,表面上是由于对世道的不满意而行事乖张,其实是对自己不满。因此,只善于揭露或喜笑怒骂者,很难成为诗人哲学家。

(二) 绘画 素描是绘画的基础。在 20 世纪欧洲现代派绘画大反素描的背景下,人们往往忘记了素描在美术历史上的伟大功绩。狄德罗是肯定素描的,这与他的哲学思想是一致的,因为他的唯物主义提倡自然的风格。所谓自然,就是真实或逼真:大自然一切存在着的事物,应该长成什么样子,就长成什么样子。这就是事物之间自然的因果关系。无论美丽还是丑陋,都有自己的自然原因。如实地把自然界中的"丑"描画出来,这本身就是美的,因为最好的方式就是完全依照物体的原样把它们表现出来。

但是,为了避免误解,我们必须强调指出,狄德罗所谓"素描"是在写生意义上而言的,他并不认为在画室里对照模特临摹就是"自然"的。为什么呢?狄德罗认为对照模特临摹是一种根深蒂固的、不自然的学院式习惯。因为那模特的姿势是事先摆出来的,凡是故意安排的,都免不了做作。这里已经谈不上热情,更没有了激情。如果硬是摆出有激情的样子,则会令旁观者生厌。在别人的"教导"或指挥下摆出来的姿态,绝对不能和自然的姿态划等号。狄德罗可能是法国19世纪自然主义或纯粹写实主义文学流派的一个鼻祖,他们都强调在细节上的绝对真实,对朴素的追求达到了痴迷的程度。狄德罗似乎与卢梭一样,容不得一点矫揉造作,他们都对绘画和戏剧中的表演性带有偏见。"假装"的样子,就是表演性。事实上中国戏剧的精髓,也是这样的表演性。完全否认了表演性,不但没有戏剧,也没有了绘画。

狄德罗说,"那些不知真实为何物的人还竟然会表现出那种肃然起敬的样子。这一切不应该归罪于学院里永远模仿模特儿的学习方法,又能归罪于谁呢?"结果,或者人们被装出来的东西感动,或者人们只是假装被"装出来的"东西所感动。这种双重的虚假经历了漫长的岁月,到现在已经成为了艺术的某种根深蒂固的心理习惯。也就是说,人们已经弄假成真,反而忘记了什么是真实。

与此相反的风格则是随心所欲,想怎样画就怎样画,想怎样写就怎样写。随心所欲的姿势,是最自然的姿势。当狄德罗在做作的意义上理解姿态时,他区别了姿态与动作:姿态无论怎样都是虚伪而渺小的,动作无论怎样都是美丽而真实的。狄德罗的思想中含有这样的真知卓见:虚假的姿态把美感僵化固定化,似乎用某种固定的套路解释肢体语言或表情,这种固定性典型地表现为"统一性"或抹杀事物之间个性的差别。就像现代照相术一概呆板地鼓励人们照相时要充满笑容一样。这样千篇一律的笑容,就显得非常做作。总而言之,艺术要摆脱各种各样的"事先解释"。

　　光线的明暗、对比、角度,在绘画中是非常重要的。在不同的情景下,从明到暗,从暗到明,会激起人们不同的心情,或忧郁或兴奋,甚至奇妙无比,其魅力是难以用美丽形容的,人们在这样的情况下往往只会空洞地说:"这是何等的景色啊!"色彩的浓淡也有同样的效果,某种颜色激发人们某种联想,依照不同民族的欣赏习惯而有所不同,当颜色出人意料的搭配破坏固定的心理习惯的联想时,往往就会产生颜色的奇迹。

　　狄德罗主要讨论的是肖像画,他说人物的各种表情是内心的写真。画家要有丰富的想象力,首先是要有想象人物内心世界的能力。在技巧上则是要观察在丰富的内心变化与表情变化之间的连带关系——比如眉毛抬高一点,就可能变成傲慢的样子。让瞳孔分成两半,则意味着虚伪和阴险。狄德罗建议画家多阅读诗人的作品,因为诗人通常是想象力最为丰富的、最善于表达感情的人。当然,如果一种深刻的思想是由想象力带来的,就会自发地具有诗意。

　　想象力会唤醒沉睡的感情,用狄德罗的话说,就是创作出让作者本人都感到害怕的魔鬼,像一个无处不在的幽灵。所有优秀的作品,都给人以过目不忘的效果,因为这些作品不是靠华丽的外表打动人的感官,而是靠激发人的想象力震撼人的心灵。这并不在于画或写作的是怎样的题材,而在于是否从中表达了人们所不熟悉的某种感情。不仅爱使人震撼,恐惧,更令人震撼。

不能为了画而画,就像不能为了写而写。在画不出来的时候不能硬画,就像在写不出来的时候不能硬写。为什么呢?因为这个时候往往并没有什么激动自己的感情。当人们想到激动自己的事情时,就会情不自禁地想要画出来或写出来。这时刻,往往好作品就要诞生了。让自己笔下的人物充满热情,首先要感动自己,然后才能打动别人。连自己都不感动的作品是没有办法让欣赏者感动的,这是一般的艺术原则。同样,我们也难以想象,一种伟大的思想可以不同时具有深厚的感情,脱离感情的思想,就像已经干涸的河床。

感性的经验,往往被人们误解为只是自己身体经历过的快乐和痛苦,其实,人还有另外一半,是身体没有任何活动而具有的灵魂活动。每个人只要一醒来,心思就处于不停顿的活跃过程中,也就是充满热情。当然"热情"这个字眼在这里是广义的,它包含了一切消极与积极的情绪变化。所有这些,也是直感。人类天生就具有将心比心的能力,这是一种从自然状态过渡到文明状态而培养起来的修养。也就是说,对自己真实而深刻的心灵活动的描述,往往也能打动别人,所以对比那些抽象的观念,更能够引起欣赏者或阅读者的心底共鸣。而优秀画家或作家的能力,则是善于唤醒那些深藏于别人内心的热情。

至于山水画,在某种意义上更难于人物画,因为相对而言,对人物的描述,是对一种本来就有生命、有感觉、有思想的事物本身的模仿,欣赏者也习惯于理解他们。但是,山水画的对象都是静态的无生命之物,人们的欣赏往往要从中触景生情。为什么会有感情发生呢?因为人赋予了这些无生命的事物以生命,这是一个潜在的类比过程。为了动情,人类必须把与自己非同类的事物比拟为自身,在与自己亲近的过程中感动自己。否则,就会产生另外一种截然不同的热情,即恐惧。

(三)建筑 狄德罗把建筑与绘画作类比,描述了古希腊、罗马与哥特式建筑风格的区别。他指出哥特式建筑北部由于穹顶的高耸与圆柱的轻盈就显得很宽广,但是,与古希腊、罗马的建筑风格比较,哥特式建筑外部的装饰点缀由于过于繁缛而破坏了建筑物的庄严。狄德罗认为建筑艺术是绘画和雕塑艺术的前提,没有建筑就没有绘画和雕塑。这意味着什么呢?意味着形式本身对艺术的极其重要性,因为毫无疑问,建筑是一种注重形式本身的艺术。庄严与简洁在一起,奢华和繁缛在一起,哥特式建筑是与财富和奢华一起发展起来的。这甚至与文学的发展异曲同工,古代的诗歌粗犷而不失壮美,后来,则越来越讲究辞章形式了。建筑之所以是艺术,因为建筑师还要是一个画家,他必须具有这样的才华,知道怎样的建筑空间线条是单纯的、高贵的、稳重的、轻盈的、飘逸的、典雅的等等。这里的艺术鉴赏力,是对建筑形式的审美判断力,具体说,比如形状之间的比例搭配,时而对称,时而夸大。

时而直线,时而曲线,等等。在这个过程中可以制造一些幻觉,狄德罗说,就像一个身材瘦弱的人比一个身材匀称的人会显得高一些,但是事实上两个人却是一样高。因此,"显得"怎样,这是建筑艺术的一个灵魂。什么是"显得"呢?就是某种空间上的形状导致人们某种习惯性的联想。当建筑成为艺术品的时候,它的实用价值就让位于审美价值。就像不同形状的人体一样,我们也说某某建筑是美丽的、崇高的、有风度的、有力量的,当然也可以说失败的建筑往往是丑陋的、庸俗的。建筑是最考验建筑师的空间想象力的,它强调建筑物的整体效果。在这方面狄德罗也给出了很富建设性的意见,比如他认为过分注意细节会影响整体效果,即局部显得高大而全体则显得平平常常;相反,打破均匀就不是这样,每个局部显得小,而整体则显得非凡、高大。这是两种不同效果的选择。

第五讲

宗教问题

尚杰讲

狄德罗

狄德罗并没有像经院哲学家那样从概念出发讨论宗教问题。我们认为,他关于宗教领域最有活力的思想并不是学究式的,他采取了自己所擅长的对话和文学体裁。这最能表现他的个性,又可以规避某些不必要的风险。其次,狄德罗通过人物形象和人的命运谈论人与宗教的关系,其中的主角往往是女性。女性与宗教的连接形成了巨大的反差:一个是鲜活的感情生命,一个是灰色的教条。从这样的对比中,我们被激发出的不仅是沉思,而且是行动的热情,这也是狄德罗文章的特色。

在《一个哲学家与元帅夫人的谈话》(这个哲学家

其实就是狄德罗本人)中,①狄德罗对宗教作了辛辣的嘲讽。他选择了一个美丽的夫人作为谈话的一方。起初,这位夫人是虔诚信仰基督的。但是,在她与狄德罗的对话过程中,这位贵妇人开始对自己原来的信念产生种种疑惑。这也是狄德罗阐述自己宗教观点的过程。

狄德罗首先把女性的魅力都集中在这位元帅夫人身上,她娇柔、美丽、贞洁,简直就像一个天使。这位夫人与狄德罗开门见山,讨论信仰问题。信仰、道德、诚实,这样的问题是连在一起的。狄德罗正是从这里寻找批评宗教的突破口:在这位夫人看来,没有宗教信仰的人简直就是一个不可理喻的疯子,她遵守自己的信仰。可是,在狄德罗看来,人是趋利的"动物",再也没有比人更自相矛盾的"动物"了:"狄德罗:人是自相矛盾的,还有什么比人的自相矛盾更普通的现象吗?元帅夫人:啊,真是不幸,没有。人们有信仰,可是人们每天的举止好像没有信仰。狄德罗:人们没有信仰,可是人们每天的举止却像有信仰。"②多么奇怪的现象啊!人是多么奇怪的动物!这里夫人与狄德罗描述的两种自相矛盾的现象其实是一种:人并没有一个一成不变的信仰,因为人是趋利的:"人相信是因为人有东西要获得吗?"③这里要获得的,显然不是宗教精神,而是实际的利益。

可是,这夫人还是固执己见:自相矛盾不就是思想

---

① 《一个哲学家与元帅夫人的谈话》,参见《狄德罗著作集》,伽利玛出版社1951年版,第1171—1185页。
② 《狄德罗著作集》,伽利玛出版社1951年版,第1173页。
③ 同上书,第1171页。

混乱,没有理性和信仰吗？它导致恶。而宗教本身并不自相矛盾,因为宗教是最有道理的,①它不是恶。从这里,我们似乎能得出这样的印象:宗教是人行善的动机,而不相信宗教是人们为恶的动机。于是,这位夫人说:"恶,就是有更多的举止不当……善,则有更多的好处。"②但是狄德罗认为,以往的历史却表明,宗教导致可怕的灾难,民族间的冲突和暴力。各种宗教之间是绝不宽容的,一个穆斯林不会容忍天主教的上帝,一个天主教徒也不会宽恕伊斯兰教的真主,究竟谁是谁非呢？争执的结果是无休止的宗教战争。"我们的历史留给我们太多悲惨的例子,它创造了……最强烈最绵延不断的仇恨。"③但这是宗教本身的错吗？这位夫人认为历史上的灾难只是缘于对宗教的滥用。狄德罗反驳说,这不是滥用,而是事实本身。宗教的滥用与宗教本身是不可分割的——宗教好像是由一个厌恶人类的人建立起来的,不幸,"最危险的疯狂是宗教造成的"④。但是元帅夫人还有她的道理,狄德罗借用她的话说出神权和皇权都想说的立场,也是许多人的疑惑:如果人的本性就是恶的,怎样管束人的行为？社会应该有一种使人惧怕的精神力量,"如果你摧毁了宗教,你拿什么来代替它呢？"⑤在狄德罗看来,这样的问题根本不必提出,因为世间本并没有宗教的位置。认为

---

① 《狄德罗著作集》,伽利玛出版社1951年版,第1173页。元帅夫人认为宗教才是最合理最有理智的,文中有许多这样出于信仰基督态度而与狄德罗的立场相反的判断。
② 同上书,第1174页。
③ 同上书,第1175页。
④ 同上。
⑤ 同上。

一定要有宗教的位置,这是一个可怕的偏见。它"没有考虑到,在任何世纪和任何民族那里,宗教的观点都不能作为考察民族风俗的基础。古希腊人和古罗马人,世间最实在的人,他们所崇拜的神,是最放荡的下等人……"①神原来就是放荡的,就在人世间。狄德罗的矛头所指并不仅仅是基督教,而且是宗教的一切形式,是宗教本身。他不无讽刺地说,他从来没有看见一个真正的基督徒。狄德罗提到住在他家附近的一个漂亮的女邻居(这里他也许暗指与他对话的元帅夫人):她聪明、对丈夫忠贞、有教养,皮肤白皙细腻……她从不炫耀这些。但是,她走在大街上,招来男人的偷窥。尽管这美丽的夫人目不斜视,但是问题还是来了:《圣经》首先责备偷窥者,因为按照《福音书》的教诲,垂涎邻家女人的男人等于在心里犯了通奸之罪!狄德罗拿这样的神意说给自己的女邻居听:精神上的通奸和实际的通奸情况同样的严重(在这里,宗教甚至比法律的惩罚还要严重,后者是体罚,前者则是诛心)。但是,责备并不仅仅只是针对男人,女人也同样逃脱不了干系。狄德罗对自己漂亮的女邻居说,"如果一个男人内心犯了通奸之罪,并因此要遭受惩罚,那么导致这个男人犯这样罪的诱因,漂亮女人又该当何罪呢?"女邻居无言以对。事实上,同样的心情也出现在女人身上,基督教为什么只是责备男人呢(这里的情形和中国古代的具有某种意义上的宗教作用的理学正好相反,理学的伪善在于它只是谴责妇人)?就像狄德罗说的,这是人们的一种心理习惯(就像在旧中国人们

---

① 《狄德罗著作集》,伽利玛出版社1951年版,第1176页。

可能责备这个女人风骚），但是这样的习惯态度并不见得准确，"就好像没有比自称是基督徒而实际上不是更为常见的了。"①

宗教好像是一些不喜欢人类的人建立起来的，就是说，这些人妒忌人世间的一切属于人本身的欢乐，可是，"迫使一个民族服从只适应患有某些忧郁症之人的某个原则，这是不可能的……这是一些疯子，他们并没有能力长期抵制自然的经常冲动，但是他们把我们引导到他们的法律之下……但是夫人，诱惑是很近的，地狱是很远的……"②什么是法律呢？就是宗教建立起来的一般道德原则，所谓普遍性的善，它告诫人们要远离人世间的"邪恶"。诱惑几乎唾手可得，这时，那个高悬的宗教道德戒律便显得微不足道，即使是地狱的惩罚。人的本性决定人只对引起自己快乐的事情有强烈兴趣，女性尤其如此。狄德罗上面提到的"忧郁"与这里的地狱是遥相呼应的，它们都远离快乐，像是一种隐喻。在这方面，我们能挖掘出狄德罗的未曾言明之意。宗教与启蒙，启蒙与浪漫，都曾用"光明"与"黑暗"作为比喻，但它们的寓意往往是相互抵触的。

狄德罗反对将任何观点强加于别人，即使是他自己的观点。狄德罗以他自己的方式阐述启蒙时代倡导的言论与思想自由："我宽容每个人都按照他自己的方式思考，但愿人们允许我也按自己的方式思想。"③

---

① 《狄德罗著作集》，伽利玛出版社 1951 年版，第 1177 页。
② 同上书，第 1178 页。
③ 同上书，第 1179 页。

每个人都是一个"偏见",但是这偏见并不强加给别人,所以并不是真正的偏见。真正的偏见是以偏概全,以全社会代言人的身份将某一宗派的私见假作为全社会的(它也是狄德罗批评的宗教偏见),这是真正的言论自由在"偏见"问题上辩证观。这里我们讨论宗教意义上的偏见,也就是迷信的一种。什么是迷信呢?迷信的语言通常是一般或普遍意义上的判断句。它的语境是把日常一个细小偶然的事情与一个一般意义上的判断相连接,人们出于心理的渴望或者恐惧,把个别误认做一般,迷信就这样产生了。元帅夫人问狄德罗,你相信人们有可能放弃迷信吗?回答是不可能,因为人最经常的心理状态是无知和恐惧。这里提到了一个例子,它与人想"永垂不朽"的普遍心理有关,就像元帅夫人问狄德罗的话:想到自己死后将是一无所有,一片沉寂(这更像是一个宗教迷信的信奉者对一个无神论者的发问,因为后者不相信灵魂不灭),你难道不感到惊恐吗?无神论者狄德罗说,他只享受今生今世。至于生命未来的希望,他是不知道的。换句话说,他不抱希望,"我没有这样的希望,因为期待并不能使我逃避虚无"。为什么说"不"呢?因为对未来而言,唯物主义者狄德罗失去了感觉它的器官,他实在说不出什么。他是实事求是的,一个并不存在的东西就不能硬说它存在。

于是,问题很自然地成为哲学家式的对话:

元帅夫人:但是这个世界是谁创造的呢?

狄德罗:我正想问你呢?

元帅夫人:它是上帝创造的。

狄德罗：什么是上帝呢？

元帅夫人：一种精神。

狄德罗：如果精神创造物质，物质为什么不可以创造精神呢？

元帅夫人：为什么物质能生成精神？

狄德罗：这是每天都在发生的事情……①

这样的对话是"本体论"的，但是狄德罗并没有想到什么本体论，他所谓的"物质"有实实在在的含义，它与"物质"的自然"享受"和快乐是联系在一起的，也是从物质中得到幸福的愿望！在狄德罗看来，灵魂并不像宗教认为的那样高贵无比，灵魂甚至是低贱卑下的，因为甚至动物或者畜生也有自己的灵魂。灵魂是由物质的生命形成。"人只不过是一种比其他动物更为完善一点儿的动物。"②这样，灵魂就一点儿也骄傲不起来了。人的动物性的一半战胜了天使那一半，这就是人！狄德罗对一个没有宗教的世界并不感到恐惧。

对18世纪的法国人而言，宗教信仰就是人的命运。启蒙的本来含义是祛除蒙昧，获取光明，它在思想上的主要内容之一，是针对着宗教制度的精神专制对人性的摧残。狄德罗以生动的笔调描述了这样的命运，《修女》③描写的不仅仅是一个修女，也是一个普通人的遭遇。《修女》是一部小说。像狄德罗其他小说

---

① 《狄德罗著作集》，伽利玛出版社1951年版，第1180页。
② 同上书，第1181页。
③ 狄德罗：《修女》，梅西多出版社1991年版。

一样,《修女》取材自现实生活中真实的人和事。① 修道院中的压抑生活和修女苏珊的述说构成这篇作品的全部。作品中描写的"光明"与"黑暗"具有强烈的隐喻色彩,其含义绝不像字面那样透明。苏珊反抗宗教精神压抑的行为与她的"放荡"或者"不信教"的念头比起来,却显得是次要的:她有一个"腐败"了的精神,让修道院的所有成员感到羞耻。我们阅读这篇作品,就是阅读苏珊的心情。这个心情在恶中寻找精神上的快乐。这样的恶也是痛苦或者孤独的,因为它不为周围的环境所容忍,苏珊只能一个人默默地承担和享受。我们把这样的情境也理解为在宗教压抑气氛下享受的痛苦的美,它不仅具有批判宗教的意义,也具有美学的意义。苏珊的罪恶念头,一个在宗教的光辉(这是站在宗教立场上说的,我们在卢浮宫看到的油画大部分都与宗教有关,色彩明快,并且总有一个我们并不能直接看见的光源,它来自上帝)笼罩下躲藏在阴暗角落里的,在那个环境下说不出口的念头。这些念想使苏珊整天精神恍惚,就像失了魂一样。但是,修道院不能容忍苏珊以她自己的方式思考,在院长嬷嬷眼里,苏珊的念头和举动就是疯狂的。狄德罗在这里以修道院的环境暗喻对美的摧残,并且在小说的开头作了暗示:在修道院外无私地帮助苏珊的克鲁瓦斯马尔侯爵对"美

---

① 据《狄德罗传》介绍,《修女》的原型叫苏珊·德拉马尔,是珠宝商人的女儿,她被家人送进龙香修女院,对那不合志趣的处境很是不满,便向最高法院提起诉讼,要求解除她的誓约,但是法官认定她进修道院为合法。一个名叫克鲁瓦斯马尔的侯爵尽管与苏珊素昧平生,但却热情地为她奔走。《修女》全篇就是苏珊对克鲁瓦斯马尔侯爵的诉说。参见安德烈·比利:《狄德罗传》,张本译,管震湖校,商务印书馆1995年版,第197页。

术"有鉴赏力。苏珊在修道院中的生活就像一幅被监禁了的美的图画。她的控诉就是她在这画卷内的活动。此外,画卷中还有众多的修女,她们与苏珊一样的年轻和美貌。就像苏珊说的,"我向你保证,侯爵先生,你将观赏一幅赏心悦目的图画。想象一下吧,画室里有10到12个姑娘,其中最小的14岁,最大的不过23岁……"①这也是一幅动人的画面:这样一群生动活泼的少女,虔诚地跪拜在耶稣的脚下,而由森严的围墙隔离的修道院,不啻是一口活棺材。这样滑稽可笑的景象难道不隐藏着危机吗?它随时都可能使她们真正的疯狂。苏珊是她们当中这样的代表,心理危机导致她蓬头垢面,歇斯底里,因为压抑终于超过了心理所能承受的界限。狄德罗这部作品里自始至终隐藏着光明与黑暗的厮杀,但是对隐与显的含义,不同的读者,却会见仁见智。在这个意义上,它也是一部隐晦之作,它需要读者发挥自己的想象力。

我们姑且把这部作品称作"修女图"。我们阅读时,怀着异样的眼光,我们不是在那里寻找罪恶,而是像苏珊那样,沁入一种陌生而神秘的陶醉,它存在于修道院苦行僧一般的严厉生活中。狄德罗描写了一些物件和景色,暗指这样的陌生和陶醉:夜色、月光、修道院的阴森中微微闪烁的烛光、苏珊明亮而含着眼泪的眼睛、后花园尽头的一口枯井……狄德罗赋予它们以隐晦而强烈的感情色彩,使它们与修道院的灰色调形成了鲜明的对比。在这样的背景中,有苏珊的生命、她的歌声和她弹奏的音乐。这是她的特长,她因此在众

---

① 狄德罗:《修女》,梅西多出版社1991年版,第19页。

修女中大受欢迎:哀怨总得有个发泄的出口。同样的鸦雀无声,但它绝不同于在院长嬷嬷带领下的默默祈祷。

如上所述,这里狄德罗有意渲染了晦暗的美,一种藏而不露,掺杂着痛苦的快乐。这也是狄德罗的美学立场,它展示在自然的原始处,在绝处逢生(参见本章"美学"一节)。这篇作品的基调是古典浪漫主义的,像卢梭的《新爱洛漪丝》一样,它以第一人称的"我"主诉,这样的情感通常是离异和孤独的。《修女》中的浪漫更为晦涩,宗教气氛和修女苏珊的心灵都是黯然的,它们交织在一起,把庄严、崇高、忧郁等等缠绕一起,这样的混乱扰得苏珊不知所措。

我们重点分析《修女》,是想暴露属于狄德罗内心深处的东西,并试图说明,狄德罗所谓的理性,在涉及到情感领域时,却常常是不透明的,并不像人们想象的那样明快。这样的焦虑显示作为一个古典浪漫主义作家,狄德罗的内心经常处于自相矛盾状态。

作为一种阅读的途径,《修女》中"不止一种语言",或者说是宗教语言背后有苏珊隐藏得最为隐秘的"心情语言",它甚至是下意识的。苏珊的心声敞向一个从没有在作品中正式出场的对象,这就是克鲁瓦斯马尔侯爵(他爱美、快乐、有精神、感性、有身份),但是苏珊却并不认识他,这是一种不透明的关系,也可以说苏珊是对着一个快乐的源泉在说话:象征这个源泉的人并不在场,但是这并不要紧,只要他身上有自己周围缺少的东西,他是在修道院之外的世界。是她默爱的对象。我们看到,苏珊这样的状态似乎已经像一种病态,甚至可以说,她之所以迷恋侯爵,只在于他是一个有生命的异性。修道院里是难得见到男性的,在那里多数修女不到 50 岁就死掉了,剩下的,在默默的忍受中心理发生变态:"一天,在修女小室中我看见一个被锁起来的疯修女……我从没有看见这样可怕的场面,她披头散发,几乎没穿着衣服,被一个铁链子拴着,眼神痴迷,用拳头捶着胸……寻找一个窗口冲过去。恐惧抓住了我,我浑身抖个不停,在这样的不幸中看到了我自己的命运……"苏珊的心不但紧缩,而且已经死了。事实上,同样的监禁和疯癫很快也发生在苏珊身上。

　　修女为什么遭受监禁呢?与世人不同,修道院里的修女们不会有刑事犯罪。院长嬷嬷要惩罚的,是修女们精神上的迷乱,不走正路。换句话说,修道院里实施的是对"坏念头"的惩罚。表面是囚禁身体,实际是诛心之狱。

　　苏珊的遭遇是随着她与院长嬷嬷下面的对话开始的:

院长嬷嬷:苏珊嬷嬷,你愿意做忏悔吗?
苏珊:不,夫人,我不愿意。
院长嬷嬷:你对当修女一点儿也不感兴趣吗?
苏珊:是的!
院长嬷嬷:你不顺从送你到这里来的父母吗?
苏珊:不顺从!
院长嬷嬷:那你究竟想成为什么样儿的人呢?
苏珊:什么人都成,除了做修女!①

---

①　狄德罗:《修女》,梅西多出版社 1991 年版,第 46 页。

听到这话,院长嬷嬷的第一反应就是,这孩子生病了(她脑子有问题)。接下来的一切,就是把苏珊视为一个精神病人,给她看医生,断绝她与其他修女的接触(怕传染)。像前面那个疯修女一样,苏珊也被锁进单人小室。她与世界隔绝了,剩下的,只有她自己和她的沉默。虽然她并没有疯,但是这样的情境只能激发人激烈的感受,它会渐渐导致疯狂心理:她什么也不是,人人都不把她当回事,因为她是疯子或傻子。她"死"了。这是对苏珊个人意志的极大考验。即使她没有真疯,但疯的征兆已经显现了:她焦虑不安,因为除了四面秃秃的墙壁,她整天也见不到一个人。苏珊身体的命运在别人手上,但是她脑子里想什么是别人管束不了的(正是她的胡思乱想使她的身体遭监禁):在她的脑海里出现了奇怪的东西,上帝和魔鬼长着一样的模样,就好像上帝可以变脸似的。那么,谁还能拯救她?苏珊拒绝忏悔,但是,她向一个从来没有见过面的异性吐露感情的秘密。

在苏珊看来,"白天比黑夜更令人恐惧"[1]。因为白天是修道院集体的时间,她要按部就班地与众嬷嬷一起做那些例行的祈祷和忏悔。一切都是公共的,她没有自己的时间,而且是违心地、被迫地说一些自己本不想说的话。所有这一切让她感到索然无味;随着黑夜的降临,白天的一切都过去了,时间留给了自己,她拥有了真正属于自己的一份财富,就是在孤独中放纵感情随意去想,以至于她偷偷地写成了这样一部作品。这是宣泄,也是快乐。苏珊要寻找的不是光明,而是黑

---

[1] 狄德罗:《修女》,梅西多出版社1991年版,第66页。

暗。寂寞、出神、迷失、移情，这些使她沉醉，似乎逼使她疯狂的东西却成了拯救她的东西，漫漫长夜竟然启发出她的艺术才华。她并不是无神论者，她讨厌上帝但说不清道理，占上风的不是理性而是感情，这却使她书写的东西更有艺术魅力。感染我们的地方不在于她能像一个哲学家那样无所不知，而在于她不知道："把我驱逐出去！告诉我，为什么这样的念头让我惊恐不安？这是因为我不知道向哪里去，我年轻没有经验，我害怕悲惨、害怕人、害怕原罪；这是因为我整天生活在禁闭之中……所有这些也许不是真的，但是我的感觉告诉我它是真的。先生，我不知道去哪里，未来如何，这有赖于你。"①所以这世界对苏珊来说只剩下她自己和听她述说，使她的精神有所寄托的"先生"。但"先生"实际是个虚拟，实在的只有她自己。

　　在一个人的生活中，对外面的世界一点儿也不感兴趣，那是一种折磨，留给自己的幸福，只是神秘而无法宣示于人的内心感情——这并不是正常人的生活，所以苏珊感到被人驱逐了出去，这是修道院的特定环境造成的。事情并不是一开始就是这样的，苏珊并不了解上帝，但是父母、院长嬷嬷、周围的众姐妹都虔诚地在上帝面前忏悔，脸上一幅安详幸福的表情。苏珊也曾试图照着去做，可是这时，她无法让自己像别人一样快乐，她忧伤，为上帝所不容的念头止不住地往上冒。上帝对她并不在场，她与上帝相对无言，这该多么让人沮丧！于是，她的祈祷竟然是：我厌倦活着，让我去死！——什么样的活着？修女一样的活着。厌倦活

---

①　狄德罗：《修女》，梅西多出版社1991年版，第67页。

着就是厌倦虚伪。这是一句隐语,这里的"死"不啻寻找我们上面提到的黑暗,那里有异样的生活,那里不悲惨。"在花园尽头有一口深井,有多少次我去到那里!多少次我盯着井下看!多少次我坐在那里,头倚着井沿!多少次心如乱麻,想突然起身跃下结束我的苦难!"①这更是一段隐语:苏珊,还有寄予她无限同情的狄德罗,对深井的兴趣乃是对"死"的兴趣。"孤井"意味着逃避,"自杀"意味着朝向黑暗或隐晦的诱惑,活动在暗处(偷窥、陶醉,一些越轨的"热情")。异域中的景色更美好。这是《修女》中典型的另一种语言,苏珊下意识中的心情语言,哑语。死的欲望显然来自这样一个事实的逼迫:她整天被修道院的眼睛盯着,人人都认为她疯了。所有的开导、劝慰、利诱、监禁都是以上帝的名义。苏珊疯了,因为她有越轨的热情,她还主动选择了与人隔绝,独自面对一口孤井,"死"的补偿是精神的自由,这一次她没有做违心的事,说违心的话。但她也因此成为一个不信神的坏修女。"我的身体在这儿,但是我的心不在这,它在修道院之外;如果或者是死,或者是永远的囚禁,我会毫不犹豫地选择死。这就是我的感情!"②就像院长嬷嬷说的,苏珊被一个死魂灵扰得心烦意乱,它已经不在状态,讨厌周围的一切。

反抗专制,寻找精神与言论的自由,可以有各种各样的方式。卢梭式的,伏尔泰式的,罗伯斯庇尔式的。但是修女苏珊选择了逃避。在力量对比悬殊时,逃避

---

① 狄德罗:《修女》,梅西多出版社1991年版,第83页。
② 同上书,第107页。

是抵抗的最好方式。她的愿望是一个人小小的愿望，要一间她的，女人的房间，摆设着简单的家具……她会缝衣、纺线、绣花，这一切，是她向始终没有出场的克鲁瓦斯马尔侯爵诉说的。在结尾处，苏珊又一次提到了她寻觅多少次的深井，它在花园的尽头。她自己就是这样一眼给我们无限遐想的黑洞。她沉醉了，向着自己心爱的，却从来没有见过面的侯爵……与他在孤井中同归于尽。

第六讲

尚杰讲
狄德罗

18世纪法国社会中的恶与疯癫：关于《拉摩的侄儿》

18世纪法国文学带有启蒙的深深烙印，一般地说，它有两个特点：第一，文学作品往往具有明显的哲理性，18世纪最著名的作家通常也是哲学家。这样的情形，并不是作者有意为之，而是时代精神使然；第二，所谓作品中的哲理性与文学的艺术性经常处于一种冲突状态，它容易使作品成为作者理念的一种变相宣传，即先有一个预设的观念，然后补充以文学的描述。这样的创作方式是文学的大忌，因为它使作品的艺术性让位于思想性。一般认为，作为文学家，孟德斯鸠、伏尔泰等人的文学成就不如19世纪的巴尔扎克和雨果。但是,这样的评价只是从某一个层面上作出的,从文学史的角度,我们发现,最有成就的作品的境界是哲学性的①,这样的作品才能传世。否则,只满足于在技巧上编造故事,就只能流于消遣,成为纯粹的商品。

我们认为,狄德罗的哲理小说《拉摩的侄儿》(拉摩确有其人,是18世纪法国音乐家,但他的侄儿却是狄德罗虚构的一个下等人,从"社会的尊严"角度可以称拉摩的侄儿是无赖、叫化子等等)是18世纪法国文学的杰作,它体现的精神绝不仅仅是启蒙时代的,文学家从哲学家狄德罗那里可以学得更多的东西。我们极其重视这篇作品,恰恰因为它的哲学意义,而不是它的描写技巧:这本书实际只是两个角色之间的对话,一个是"哲学家"(作品中的"我"),一个是"拉摩的侄儿"(作品中的"他",以下简称拉摩)。这里的"哲学家"只是一个陪衬,被哲学家教导的,躲在暗处的拉摩是唯一真正的主角。简单地说,我们从两个层次理解狄德罗笔下的拉摩:在18世纪法国背景下,拉摩是一个典型的下等人(没有地位和知识、贫穷等等),但是,狄德罗第一次打开了这样一个"贱民"的内心世界,它富有非常深刻的含义;然而,拉摩不仅是生活在18世纪法国,也生活在一切国家和一切时代,他是一个"人"的雏形,拉摩可以引起我们对人本身产生丰富的联想,这也是我们称此书为杰作的主要原因。

此书对话中的"我"是个18世纪的哲学家,通读

---

① 一个大文学家往往有天然的哲学天赋,或者称哲学心情。

全篇,我们可以认为他基本上就是狄德罗本人。但是这个"我"有一般哲学家身上的弱点,在理论上夸夸其谈,脱离实际。哲学家的追求固然不错,但是到了拉摩这里就是行不通。从书中可以看到,狄德罗其实更喜欢拉摩这个角色,因为拉摩可以讲出以哲学家身份不能吐露的东西,而后者显然更为实际和深刻。从这个角度讲,拉摩是一个"放荡的狄德罗"①的影子,一个恶的狄德罗。它是狄德罗分裂出的潜意识,而当他的理性占上风时,哲学便又返回他的身边,从而纠正自己恶的方面。换句话说,哲学家的身份代表"善"的方面,而拉摩则为"恶"。从这个角度,此书不仅描述非理性,也是讨论恶的作品。

  作品一开场,哲学家(以下简称"我")就吐露了自己的"哲学"心情,它让我们看到"我"的两面性:"我"是真善美的化身,一个正人君子。可是"我"的心情却并不总是这样,心思会走神,它下意识地涌现坏念头,朝向恶的方向:由笛卡尔式的沉思开始,心思不由自主地自由起来,念头放肆地为所欲为,贪婪地顺着情趣喜新厌旧,一切诱惑都停下来瞧一瞧。"举止"轻浮浪荡——这是精神上的癫狂,它不顾人们的习惯看法,只沿着本能的吸引一路走去。"我的思想,就是我的那些婊子"②——狄德罗这样的开场实在是太轻率随意了。它预示着什么呢?就是,哲学家的意识也是分裂

---

  ① 2000年巴黎电影节期间,上演了一部法国新片《放荡的狄德罗》,这是一部轻喜剧,也影射了当代法国人对18世纪哲学家的新看法。

  ② 狄德罗:《拉摩的侄儿》,利比奥出版社1995年版,第7页。笔者对该书段落的翻译同时对照了《拉摩的侄儿》的另一版本,江天骥译,陈修斋校,商务印书馆1981年版。

的,善恶冲突的。

但是,"我"充其量只是动动心思,在念头上疯癫,在言行上,还要遵守社会的习惯;哲学家自认为是高明的,但他好像生活在现实人群之外。所以,从哲学家的眼光看拉摩,就觉得拉摩是一个"最奇怪的人",而在我们看来,拉摩却是18世纪现实社会中一个真实而普通的下等人。哲学家觉得拉摩奇怪,只是因为拉摩的举止和心事没有被哲学家的习惯心理所注意,或者从哲学家的角度(对真善美的一般性看法)难以理解。进一步说,狄德罗这部作品之所以是杰作,在于以"怪异的眼光"揭示了一个真实的"下等人":"他是高贵与卑贱,神志清醒与荒诞的混合物,他脑海中正当与不正当的念头奇特地缠绕在一起,因为他真实地表现出自然所赋予他的优良品质,但是也不知廉耻地表露他所接受的恶。"[1]能这样写小说的只能是哲学家,因为他在描写人物时也没有忘了用概念讲道理。究竟什么是高贵、卑贱、清醒、愚蠢、正当、不正当呢?它们在文中完全成了一些似是而非的说法,因为它们的界限是模糊的,从哲学家看来为善的东西,在拉摩眼里为恶,反之亦然。一般评论认为,拉摩是个矛盾的角色。我们却认为,这评论当然来自哲学家,而不来自拉摩本人。拉摩并不懂什么哲学,所以也不必为那些纠缠不清的概念所烦恼,他只能凭着生活的本能和直觉,想着怎样能得到自己的利益,使自己快活。拉摩的这个角度也可以是我们阅读中的一个新路径,即以他的言行化解哲学家头脑中善与恶的对峙。我们只关注拉摩这个人

---

[1] 狄德罗:《拉摩的侄儿》,利比奥出版社1995年版,第8页。

本身,对话中的"哲学家"如何评价拉摩对我们来说是无关紧要的。

比如,在哲学家看来,拉摩的某些形态是不可思议的(忽而消瘦憔悴,忽而肥胖丰满;忽而衣衫褴褛,忽而绅士派头十足),而我们凭着生活经验直觉到,拉摩就是社会中一个真实的人:他是一个丑角,喜欢做戏,就像一个变色龙。拉摩不但不是一个哲学家,也不是我们印象中的人,而更像一个动物:"他做一天和尚撞一天钟,快乐与忧伤全依周围的环境,一早起来,他头一个想法是去哪吃饭;午饭后便想知道在哪里吃晚饭……我(这里是拉摩自述)饿了,有机会吃就吃,吃过渴了就喝……我在第欧根尼(古代犬儒主义者)……当中更好些,我脸皮像他一样厚。"①拉摩完全被自己原始的动物野性支配着,拉摩这样的人远离社会文明的标准,食色欲对他们是最重要的,他们不按照上流社会的规范做事:"因为他们的性格与别人截然不同。我们的教育、我们的社会习俗、我们习惯的礼节所导致的那种令人厌倦的整齐划一,与他们毫不相干。"②这里指的并不是拉摩一个人,不是他而是他们——谁是"他们"呢?就是一般的贱民,人口的大多数。所谓社会的美德与他们毫不相干。但是狄德罗却认为拉摩们使真理显示出来。

然后,是哲学家("我")与拉摩("他")之间关于"天才"的精彩对话(围绕天才是否有用,是否意味着恶等等)。"他"(以下我们转述"他"与"我"之间对话

---

① 狄德罗:《拉摩的侄儿》,利比奥出版社1995年版,第8、10页。
② 同上书,第9页。

的大意）：我赞成了不起的天才，琴棋书画无所不能，但它在我眼里只是无用的琐事。"我"：它们是天才通过学习而掌握的"无用"。"他"：我叔叔就是一个这样无用的、别具一格的哲学家，①但是他并不是一个好人。除了自己的专业，其余一切对他一文不值，即使他妻子和女儿都死了，只要时间还是自己的，他就觉得幸运。天才就是只精通一件事，其余还不如一个普通人。天才绝不知道如何做一个好的社会角色（好的公民父亲母亲兄弟亲戚朋友等等）。天才虽然出色，却不是普通人所需要的，所以是无用。不但如此，天才还是危险的，因为他们老想着改革，破坏原有的旧秩序，自认为比国王还强，所以被国王所憎恨。"我"：其实你对天才的态度也是矛盾的，你说天才无用，但是你也对自己是个普通人感到失望。我们俩一致之处在于，都认为天才有异于常人的癫狂，盼望天才产生，把他们当作变革社会的救星，天才的真话终究要揭穿国王习惯说的谎话（国王认为，对人民最有用的话是谎话，最有害的话是真话）。

在这里，略去细节的差异，狄德罗笔下的"我"和"他"实际上对天才都是倾慕的：不守规矩，其言行不是人们所习惯的言行，喜怒哀乐也有悖于受约束的常理（疯癫）。其"无用"只是因为社会庸人还不知其用。但是，正因为不守常理，在庸人眼里天才们就常做恶事。在这样的意义上，书中开头说出"我的思想，就是

---

① 虽然狄德罗笔下的"拉摩的侄儿"是个虚构，但是拉摩确有其人，是启蒙时代一个著名的音乐家，这里被称作哲学家，可见"哲学家"一词在18世纪法国含义的混乱，它甚至泛指一般有思想的文人和文学艺术家。

我的那些婊子"的哲学家和像一条狗一样生活的拉摩之间并没有本质上的差别,他们或是在思想念头上,或是在行为举止上不合群。而且,哲学家欣赏甚至有些嫉妒拉摩,因为拉摩不仅止于意淫,也有浪荡的行为。

其实,哲学家何尝就没有行为?电影《放荡的狄德罗》并不仅仅是黑色幽默,libertin,或者说不信教和放荡(这里的"放荡"是广义上的,并不单指性放荡,尽管后者是其重要内容),更是启蒙世纪的真实写照,无神论与道德上的放荡是连在一起的,后一方面却被我们的学术研究有意无意地忽视了,但是它却在《拉摩的侄儿》中大放光彩。什么是18世纪法国天才们的放荡呢?——傲慢无理、难以相处、怪异癖好、甚至品质恶劣,我们不说众所周知的卢梭之乖戾,也不提"放荡的狄德罗",就说启蒙泰斗伏尔泰,他的最大愿望,并不是思想和言论的自由,而是在他的外甥女德尼斯夫人的怀抱中死去。所有这些人都是天才,他们的思想和艺术推动着启蒙世纪,可是在社会看来,他们不是太好的人,因为他们思想不好。

好思想和好人,是按社会习惯的标准评价的。所谓"好"在哲学家和拉摩那里显然与习惯的观点不同,而拉摩的立场又与哲学家有别,因为拉摩并不像哲学家那样动心思,绝不理解精神产品的价值,他只嗅着快活的味道走,到哪都可以。快活的资本就是有很多钱,拉摩羡慕这样的人,有钱就能使人享受各种娱乐,让丑角给自己解闷,掠夺少女的贞操,狂饮豪赌,享受美味佳肴。拉摩甘愿做这里的丑角,以得到他自己享受的那一份。也许这不是好思想和好人,但这是生活中的实情,是许多人行为的动力。它是醉生梦死,不知何为永恒。而哲学家不同,他要自己的作品永远打动人(从这个角度看,哲学家的私仇和个人的恶习却也无关紧要)。只要与文字沾边,就有乌托邦的倾向。哲学家可能是个坏人,但是他的天才作品却能让遥远的人,将来才出生的人得到精神享受。

　　总是没有离开恶,《拉摩的侄儿》中始终徘徊着一个邪恶的幽灵。"哲学家"和拉摩总是面临选择:一边是天才和快活,另一边是善良,这两边永远是冲突的,只可求其一,无法两全其美。事实上,他们总是选择前者,宁可做 libertin。无论善良有多么好,如果得不到自己的快活,也要抛置一边。反之,只要能得到快活,哪怕厚颜无耻,也再所不惜。他们实事求是,就按照世界显示的样子接受现状——这是反形而上学的,它拒绝经验之外的东西。

　　同样可以理解的是,哲学家和拉摩,这两个人也相互嫉妒,妒嫉对方身上有自己所没有的东西,为了发泄,就拼命嘲笑对方身上的缺陷,以在心理上求得一种阿 Q 式的满足。嫉妒由羡慕滋生,一直如此。拉摩的想象来自本能的虚荣,他没有哲学家和音乐家的能力,却也想得到人家的赞扬,谁能说他没有"精神"的追求呢?但是这精神一定要和拉摩的动物性连在一起,和美酒美女漂亮房子马车人们的恭维联系一起,否则拉摩就根本不能理解。所有这些都是拉摩的想象,他在这方面有发达的想象力。与常人不同,他不但想,还伴有虚拟的动作(他睡着漂亮的床,搂着美人,像个大人物一样鼾声不停)——这也就是所谓拉摩的疯癫。所有这些,都是非理性的,原始状态的。在整个过程中,拉摩"傻乎乎"的想象中只有那些最原始的图象,他的一些肢体语言,也可以说是原始的舞蹈。这一过程不需要语言,就像狄德罗说的,拉摩在表演哑剧。黑格尔被此书中拉摩对当时法国社会的嘲弄所倾倒,称拉摩的举止就是他在《精神现象学》中所描述的"分裂意识"。但是,拉摩的言行是典型的非理性,这似乎也纠正了我们对黑格尔的某些不正确印象。

原始的状态,原始的感觉,事情本来的样子。就像拉摩说的:"你知道我是一个无知者、傻子、疯子、鲁莽无礼、迟钝懒散……"①但这是反语,换句话说,厚脸皮的拉摩实际把它当作颂词,他就是这个样子,不以为耻,反以为荣。作为一个下贱人,丑角,社会需要拉摩的恶行,他为更大的恶提供方便,后者愿意为此给拉摩钱,所以不被人厌恶,反而遭人喜欢。人就是这样的虚伪,自己冠冕堂皇地建立了一套道德,而在内心独语时,说的完全是另外一套,而后者却是社会实际通行的。拉摩坦言说,他所做的,最让他感到后悔的一件蠢事就是曾经试图使自己有些理性,或者说是善良。结果,拉摩被他的雇佣者赶了出去:滚吧!理性和善良这东西,我们这儿有多余的!拉摩错在他不该做自己不擅长的事,否则哲学家该干什么呢?社会只需要拉摩去满足恶。狄德罗让拉摩说出巴黎随处可见的丑恶:妓女、阴谋家、献媚者……人人为了所谓幸福,甘心做一个骗子。拉摩也自有他的办法,诸如帮助贵妇人与人私通,为她传递情书。若没有拉摩穿针引线,这妇人可能过得像狗一样无聊,于是拉摩也自然应该得到他的奖赏,因为他为别人提供了快活。他"勾引"一个平

---

① 狄德罗:《拉摩的侄儿》,利比奥出版社1995年版,第19页。

民少女与阔豪又仪表堂堂的少爷幽会做爱。人们常常习惯于从道德上加以谴责,并认为这女子多么不幸。其实莫不知这少女该多感激拉摩,她总算有了这么一回! 拉摩有这样的天分,不愁活不下去,而且,看到能力远不如自己的流氓过得比自己还好,拉摩竟然平添了勇气,他还屈了自己的才! 他在为恶的道路上走得还不够远。

拉摩的角色要用哑剧舞蹈表演,而且要技艺高超,因为他一身数职,变化莫测。比如上例中,拉摩同时扮成勾引牵线者、少女、少爷。生活的实情与演戏的界限是模糊的,因为拉摩确实在少女面前假传少爷的话,在少爷面前又为少女撒谎。我们不能不赞叹表演者的精明和恰到好处,尽管它堕落、邪恶、卑鄙。

拉摩的恶来自 libertin,即不信教和放荡。只要每天有更多钱进账,他就能睡得踏实。他不信来世,认为一死百了,万物皆空。好一个无神论者,他不怕报应! 他的口头禅是"那有什么关系呢",彻底的玩世不恭。正经人关心的,是要有正确的思想,恰当的举止。而在拉摩看来,这一切又有什么关系呢? 只要少女姿色动人,就能得到她想要的快活,于是她的忸怩作态、无病呻吟、胡思乱想,又有什么关系呢? 这些,又是拉摩原始的感觉,他对文明的标准不屑一顾。后者要求女子仪表端庄,站坐有相,甚至琴棋书画,无所不能。但精神上的事,拉摩不懂,也不想懂,因为精神非但无用,而且危险。拉摩只嗅着原始的味道。在拉摩的潜意识中,传授精神的(教师等等)才是真正的骗子,因为那些人不懂装懂,也是靠诈骗吃饭的人。精神实在是太难了,即使研究一个小小的领域,一辈子的光阴也不够,只有极少数的书呆子才会这样。但实在说来,一个傻子提的一个小问题,一百个聪明的教授也回答不了,这是拉摩轻视知识的口实:读不懂精神是正常的。而且拉摩认为自己更坦白,不会费劲装懂,他省下了更多的时间去干别的,比如他宁可去闲谈:小道消息、奇闻逸事、下流故事,那该多么让人开心啊!——这也是上流社会的情趣——在这个过程中,是否有正确的或者真实的思想并不重要,人们所享受的,让人们快活的,是谈话的过程:语气、声调、面部表情,过瘾、幸灾乐祸等等。

　　狄德罗不让拉摩从善与恶的角度考虑问题,而把它们说成是习惯。从事不同职业的人都有本行业的习惯(这些习惯都有某些恶的特点,比如家庭教师习惯于谎称还有大人物等着他上课,官吏习惯于献媚和受贿等等),但是几乎所有人都嘲笑一般的道德,就像拉摩对哲学家说的:"我很清楚,如果你要应用某些我也说不清楚的一般道德原则,那些每个人都挂在嘴上,却是谁也不实行的原则,你就会发现,原来一切都是黑白颠倒的。"① 他们离开一般的道德,因为那很难做到;他们习惯于自己的"行规",因为那才是"自然而然的"。虽然行业和行规很多,但也有共同的特点,就是都不诚实。一个坏的习惯一旦养成,就成为第二天性,人们反而不觉得有什么不好。人们像逃避瘟疫一样回避普遍的道德,却像苍蝇一样嗅着腐烂恶臭的东西。在拉摩看来,既然人人相互交恶,靠欺骗手段得到另一个骗子的钱也可以心安理得。只有老实人吃亏,别人不但不

---

① 狄德罗:《拉摩的侄儿》,利比奥出版社1995年版,第34页。

赞扬诚实,反而笑他傻。在这样的社会中,下等人恶不过上等人,只能怨自己没本事,而这个下等人一旦当道,就会发泄更大的恶,向从前鄙视他的人报复,更加荒淫无度,如此等等。

狄德罗通过拉摩之口,反对一般的或者形而上学意义上的道德。拉摩嘲笑哲学家竟然愚蠢地相信所有人能享受共同的幸福。拉摩确信,幸福不是为一切人准备的,一个普遍道德乌托邦的想法和状态肯定是枯燥无味的(我们要注意这里也反映狄德罗的意向,它也是唯物主义者狄德罗与同是启蒙思想家的泛神论者伏尔泰的主要区别之一)。真实的情形总是一些人幸福,另外一些人不幸,前者以后者为代价。狄德罗是无神论者,唯物主义者,但是,我们如何区别这些与 libertin 之间的界限呢?显然,界限是模糊的,"唯物主义"的态度绝不只是沉闷地承认世界是物质的,他们还要落实到物质享受之上。

唯物主义并不等同于唯"物"主义,不是大吃大喝等等。但是,拉摩并不知道这个界限,他不需要什么哲学和道德,什么祖国、友谊、责任、教育统统与他无关,因为这些只是一些概念,拉摩不懂概念,只知道祖国是由暴君和奴仆组成的;朋友中少有不忘恩负义的;而有没有担当一定责任的职位并不重要,只要有钱就行;至于教育,那是关于下一代的事,与拉摩无关。拉摩不在事物的抽象层面考虑问题,但是却有令人惊诧的邪恶的判断力——但是它来自事实,从而也更加真实。例如,做人的一个诀窍是:"阿谀奉承,见鬼,阿谀奉承,去见大人物,研究他们的嗜趣,顺从他们的花招,服务于他们的罪恶,与他们的不义同流合污:这就是秘诀啊!"①能这么做的人绝不是老实人,但他们也不是恶棍,而是明白人。明白什么?——人的本性是恶的。这个诀窍中的秘密,就是变着花样让大人物们享受快活,人本有不同嗜好,更有未曾开发出的喜好,它是快活取之不尽的源泉,供人填补无聊的余暇。但是,这些快乐有一个基本特点,它们是只有自己享用的,拉摩与哲学家的分歧就在这一点:当哲学家说自己助人为乐的同时也得到快乐时,拉摩却吃惊地说,你真是一个怪人!为什么呢?哲学家做的善事是"一般的道德",需要克服人的自私本性,它是社会上稀少的诚实与正直,一个形而上学性质的"应当",故而拉摩不理解。但是,哲学家又幼稚了,因为拉摩下面的回答简直是雄辩:实际的情形是,善良老实的人并不快活,而能享有快活的人大多并不正直。就拉摩本人来说,如果他哪一天老实正直,这一天就要没有饭吃:他依赖那些不老实的大人物,而后者也需要拉摩的恶。恶是如此自然而然,几乎不必努力就能把握,恶符合社会上多数人的习惯,也迎合大人物的情趣。相比之下,德行是这样的困难,它需要学习,克服环境的障碍,去获得一种并不能使自己快乐的习惯,这不是一件非常奇怪而得不偿失的事情吗?当拉摩这样想的时候,他把哲学家的高论称作虚伪的幸福,他不需要这样的幸福。

但是,拉摩何尝不虚伪呢?不管他心里如何厌烦,他必须对人逢迎微笑,满足人家的快活(这与卖淫没有什么两样),否则就不能从人家那里得到好处。拉

---

① 狄德罗:《拉摩的侄儿》,利比奥出版社1995年版,第38页。

摩的代价就是丧失自己的尊严。伺候人笑、恭维别人难道不是一件非常复杂,困难而又扭曲自己的事情吗?拉摩的精明和复杂与哲学家的智慧不同,它是在另一个层面上,没有哲学观念的隔离,其灵与肉的厮打,是实实在在的。拉摩的智慧丝毫不比哲学家差。人的智商天生差异很小,只是后天朝着不同的努力方向,比如拉摩与哲学家同样研究语言,而对拉摩来说,最好能创造出一千种奉承贵妇人的说话方式,以显得不单调、有情趣、老实。难道这不需要高超的判断能力和智慧吗?哲学家哪里有拉摩那样察言观色,随机应变的本领呢?而且,拉摩的智慧更生动、鲜活、有用,他就用这样的手法诱奸了一个纯洁的少女。拉摩的"原创性智慧"就是:"我有一百多种办法能从母亲身边引诱一个小姑娘……"[①]这就是拉摩的天才!不是哲学家的天才。所以,智慧划分为不同的种类,不同民族,不同时代的,相互之间并无可比性。每一种智慧都是一个他者,我们怎么能对自己陌生的东西做出中肯的判断呢?[②]

智慧的一个最基本技巧就是蒙惑人,哲学家靠概念,画家靠色彩,政治家靠许诺,演员靠矫揉造作,妓女靠色相……这里,我们把哲学家剔除,因为他们另属一类;其他各种手法通常都是形象的,具体的,可以说是智慧中的大多数,拉摩就属于这多数之中。但拉摩是个无赖,他的智慧体现在研究恶的技巧,以不被别人

---

① 狄德罗:《拉摩的侄儿》,利比奥出版社1995年版,第49页。
② 比如中国历朝中通行的权术,历史最悠久,经验丰富,用的心思最多。但是,这些心计并没有被人从学术上很好地研究,失传了甚为可惜。我们还要特别注意中国历史上没有写在纸上或者正史中的东西,因为那里往往有极高的智慧。

识破,于是更阴险狡诈。拉摩嘲笑明目张胆的恶行,因为那得罪人。拉摩又是灵活多变的,他并不管什么真与假之类的概念,不在乎人家怎样称呼他,一切见机行事。智慧也叫心窍,窍者,洞也,门也。一个心思亮开一扇门,多得数不清,悠扬曲折,美不胜收。相比之下,学究气的心思实在是太单调了。心窍多了,便容易相互冲突,也就是黑格尔在《精神现象学》中所说的"意识的分裂",它的原形就是我们的拉摩。① 拉摩是个大杂烩,魔法师,窝藏着各种各样的心窍,什么时候打开哪扇门,是难以琢磨的。从他那里我们发现,荒谬,或者意识的分裂,原来就是人的本色:悲剧、喜剧、高亢、沉闷、真唱、假唱、媚姿、奴态、蛮横、虔诚、高傲、残暴、悲恸,多么高超的画师也描不出拉摩的这么多张脸谱。人们之所以习惯于用固定的脸谱看人,就是因为人的本性经常藏匿着,只是在暗处。但是,假如把所有真实的面貌搬上前台,会有怎样的效果?癫疯,人们会认为这是一个疯子,这就是拉摩,人们嘲笑他,一个精神错乱的丑角。可是人们错了,因为人们误把真实当作不真实,从而加以迫害,这该牺牲掉多少天才!其实,人天天都在扮演着不同的角色,自己却浑然不知。拉摩这样的天才就在于,他能自觉做出各色人等的脸谱,装扮得越多,差别越细腻,就越有才华,但也越疯癫。当心窍没有打开时,天才是无从谈起的。换句话说,天才就在于能打开本来无从谈起的心窍,而在敞开它之前,天才所面对的,是陌生和寂寞。没有人说过或

---

① 参见狄德罗:《拉摩的侄儿》,江天骥译,陈修斋校,商务印书馆1981年版,见该书编者前言第3页。

者做过,那是一个习惯到达不了的异域,我们要冒着被人称作疯癫的危险。可是,这里所谓"疯癫"不过是丧失平庸的理智,就像狄德罗描述拉摩的状态,从沉睡中苏醒过来——这也就是天才的心窍顿开,出神于另一种景色。天才迷失了自己,这叫做进入状态,就是没有路,无依无靠,任何人的言行都做不了榜样。普通人的言行会不自觉地要去合乎自己习惯的环境,这在天才也不例外,但是天才之所以不是普通人,就在于他能克服自己的恐惧,不断创造出新的习惯或情趣。天才是创造新风俗的人,而在那之前,人们却鄙视嘲笑他,宁可重复单调的生活。我们猛然发现,在否定言行习惯时,遭到弃绝的,原来是文明的装饰:一件作品是天才的,第一要件就是不落俗套,回到事物的原始状态,也就是胡塞尔现象学所说的事物本身。原始状态不讲体系逻辑修辞等等,就是说,知识是不重要的,重要的是直觉和顿悟。原始状态是有色彩的状态,这个色彩就是感情和情绪,而构成知识的感觉和理性抛弃了个性的差异,所以画不出色彩。由于有了原始的色彩(我们也可以在这个意义上理解狄德罗的自然概念,即自然是单纯的),人为的"隽语"和"美丽的思想"便显得做作,因为那不过是自然状态的某种增补,显得极不单纯。单纯就是自然而然冒出来的心思,所谓不单纯或者成熟("隽语"和"美丽的思想")往往是原始心思的某种掩饰;单纯是非理性的,因为它要有自然的停顿、岔路、转向,喜怒哀乐无常;"成熟"则要把这一切凹凸抹平,"成熟"的东西像是某种表演;同时,由于文明的习惯,单纯的东西反而使我们震惊:它太真实,太有生气,甚至显得痴狂。它让成熟的人读不懂。

狄德罗和拉摩,在言谈中流露出把恶称作单纯,也就是说,人的本性就是恶。就像黑格尔说的而恩格斯加以肯定的,人性恶比人性善更接近真理,恶比善的欲念更能推动历史的进步。这样的判断确实是残酷的。正是在这样的语境中,拉摩说,他绝对不再让自己的孩子继承家族的传统,去做什么音乐家,因为做一个伟大的国王,比做一个音乐家要容易得多(国王只需要"自然而然地"做恶,它是人人都会的,所以只需要普通的才能,而音乐家却是我们以上描述过的天才)。同样的道理,也不能从事一切与"自然的单纯"无关的,或者与知识有关的行业(比如数学、法律、文史等等一切与讲道理有关的职业),因为那不会使人发财。拉摩对他儿子做的,只是把金币从口袋里掏出来,让孩子知道金钱的好处,钱可以满足人的一切欲望!拉摩教育他孩子的幸福观就是:有钱并且有势,被人崇拜。拉摩不怕正人君子的责备,因为他相信,事实将会证明他的想法是成功的。对此,扮演成哲学家身份的狄德罗这样评价说:"在许多问题上人们正是像拉摩这样想,这样做的,但是并没有说出来。实际上,这就是拉摩与大多数人的最大区别:他承认自己身上有其他人也有的恶,但是他不虚伪,所以与大多数人比较起来,虽不更好,但也不更糟糕。"①拉摩确实是一个杰出的"道德学家",在自觉为恶的意义上说,他竟然是一个"老实人"(比如他自觉说谎话,而这就是他的真实态度:出于自己的利益,人人都会把谎话说得娓娓动听。拉摩甚至想写一本如何勾引女人的书,相信它能畅销)。可是,

---

① 狄德罗:《拉摩的侄儿》,利比奥出版社1995年版,第82页。

另一个老实人,我们的哲学家想到拉摩的孩子将来会成为什么样子,不禁不寒而栗。但是哲学家还想做最后的抵抗,他对拉摩说,"我并不把有钱有势作为人世间最宝贵的事。"拉摩惊讶地说:"你是多么奇怪啊!人生来不是这个样子的,你是后天才这样的,因为这不是人的本性……所有活着的人,无一例外,都以牺牲自己的同类为代价,去寻找自己的幸福。我相信,如果那个小野孩自然生长,不告诫他什么,他还是向往吃得好,穿得好,为男人喜欢,为女人所爱,恨不得享有所有人间的荣华。"[①]哲学家发现自己在拉摩面前显得极不自在,他有被拉摩诱惑到歧途的危险,他不能让拉摩遵循自己,却较容易倒向拉摩一边。

拉摩徒然秉承了音乐家叔叔敏锐的耳朵,却长在坏人堆里,他反而嘲笑哲学家的心思不灵敏:"他跳着,爬着,扭曲着,他一生都在做作,表演着各种姿态……(拉摩说)我痴守着地面,向四处观望,决定我的立场。或者我看着别人所做的姿势,给自己取乐。"[②]就像人们常说的,人生就是舞台,人一辈子都在演戏。但是,在拉摩这里,要附上一句,上演的不是悲剧,而是滑稽喜剧,人不过是其中的丑角,少有人堂堂正正地笔直走路。就像拉摩说的,即使是国王,也要在他的情妇面前,拿捏作态。在拉摩看来,如果没有乞讨、谄媚、殷勤、卖弄、淫荡,生活该缺了多少情趣。哲学家是最不滑稽的,所以也最没有情趣。

---

① 狄德罗:《拉摩的侄儿》,利比奥出版社1995年版,第83页。
② 同上书,第90页。

第七讲

现代文学与哲学的雏形

一 概述
二 《定命论者雅克和他的主人》
三 昆德拉的"增补"或"变奏"

一 概　述

通常来说，18世纪启蒙时代的文学作品具有某种"宣传"的性质，容易形成这样的类型，宣扬理想的模式，这特别表现在伏尔泰的作品中。但是我们看到，狄德罗却是一个例外，他的小说与伏尔泰的小说最大的区别既不在于题材，也不在于对人生的悲观或乐观主义的态度，而在于狄德罗更为敏锐地描述出在伏尔泰笔下见不到的感受，在于狄德罗的写作手法像是不属于他的时代，而更像是现代的，这尤其表现在一部十分重要却似乎被我们严重忽视了的作品《定命论者雅克和他的主人》中。狄德罗写这本书时,已经60岁了。初看起来,这本书的写作题材与18世纪的小说主流或伏尔泰最为擅长的内容并没有多大不同:一个贵族老爷或者说主人带着他的仆人雅克外出旅游,或者说游荡,一路上无所事事,说笑解闷。好像这应该归类为18世纪的所谓游记或旅行文学的范畴。但这只是表面现象,狄德罗与伏尔泰小说的另一个区别在于风格。通常伏尔泰的各个作品可以归属于一个总的风格,伏尔泰风格:每一本小说的开头,伏尔泰通常总是让他的主人公外出游历,见识陌生的大千世界,让他遭受数不清的人间苦难,品味人生的哲理,虽然在作品的结尾处,伏尔泰总不忘记做出某种乐观主义的姿态,比如,"要开拓你自己的家园"之类,但他小说的基调是悲观的、严肃的、正经的、讥讽的、富有教益的,如此等等。伏尔泰肩扛的启蒙大旗,也正是从这个意义而言。但是,这不是启蒙的唯一意义,因为狄德罗的文学作品不属于这样的启蒙,或者更为确切地说,他的作品属于另一种启蒙,复数意义上的启蒙。就此而言,就是狄德罗自己的作品,风格或味道也绝不相同,《拉摩的侄儿》不同于《修女》,而《定命论者雅克和他的主人》也不同于前两者——正是这样明显的差别,我们把它归结为在风格上从18世纪向现代文学的一个过渡,但是,这还并没有完全接触问题的全部要害,对我们而言,更为要紧的,是从18世纪的启蒙意识向20世纪法国文学和哲学形态的过渡,一种嬗变。

《定命论者雅克和他的主人》与启蒙时代"精神王子"伏尔泰作品的重要区别在于"不正儿经"与"正儿经"之间。这里的"正儿经"是伏尔泰所代表的启蒙主流线索,严肃的革命态度与追求,向往相信人类的进步和未来,一条主线;"不正儿经"却是一条又一条岔路,分心、态度不集中、消遣——消遣的一个含义就是游戏。消遣或游戏的应有之意就是从正儿经的日常工作生活习惯中分心,分心的一个含义就是出神,出神的一个含义就是沉醉。这些都是"正儿经"中的岔路。我们相信,当年已六旬的老狄德罗坐在桌旁,书写这部作品时,他的心情一定是轻松的,没有任何精神负担,却一不留神写出了一本文学史上的不朽的"不正儿经"之作。

一部作品的哲学意义和文学价值与它的写作耗费、篇幅长短、写作态度无关,写作者可以毫不经意地在纸上划出的意思,在阅读者内心深处会改变原来的形状,就像远处模模糊糊地闪过一张陌生的脸,那面庞突然变形为一个你非常熟悉的朋友;或者像眼前掠过一个似曾相识的背影,撩得你情不自禁地上去拍打,尽管转过身来的可能是一个陌生人。这也正是我们阅读《定命论者雅克和他的主人》时得到的效果:我的意思是说,当狄德罗愉快地编写故事情节时,绝对是随心所欲的,怎么高兴和快活,就怎么写。但是,没有深思熟虑的东西却可以蜕变为极其深刻的哲学与文学的道理或风格,我们真不知道是否应该把这个功劳记在狄德罗身上。

在阅读或欣赏之前暴露作品的点睛之笔,这本是应该回避的写作之大忌,但是这里我们不得不这样,因为这可能最清晰地表明我们以上的分析,减少读者后来阅读的困难:《定命论者雅克和他的主人》贯穿始终的一个主要框架,就是主人和仆人雅克上路后,为了消遣或逗主人一乐,主人要雅克讲自己的恋爱史。一路上,雅克的恋爱史断断续续,一直到小说的结尾也没有讲完。这暗中暴露了狄德罗这本小说本可以有另外一种写法,就是雅克的恋爱史本身,这同样可以写得荡气回肠,但如果这样,它就是另外一种风格,最有可能的是以卢梭为代表的浪漫主义风格,比如描写雅克缠绵的爱情心理感受或在这个过程中所经历过的事件,向类似书信体裁的转移。因为那样的恋爱当事人"我"的感受用情书是最自然而然的表达。但假如狄德罗这样写,《定命论者雅克和他的主人》就可能是卢梭《新爱洛漪丝》的一件附属品,其文学史上的价值就要大打折扣——事实上,《定命论者雅克和他的主人》是完全独特的,它既不属于浪漫主义,也不属于古典主义或后来的现实主义之类,它不可归类——狄德罗的哲学和文学才华在这里得到了淋漓尽致的表现:在他的笔下,雅克的恋爱史只是一个幌子,一种讲述习惯。为什么狄德罗不顺着雅克恋爱史的思路连贯起来编一个委婉动人的爱情故事?因为狄德罗认为这样的编排是小说最惯用的手法,而他的《定命论者雅克和他的主人》并不是在写小说,而是写"事实"或"真实"(注意,当狄德罗这样说时,与后来的所谓"现实主义"和"自然主义"都不是一回事)。"事实"或者"真实"的情形是,一个完美的爱情故事,无论是以悲剧或是喜剧的面孔出现,总是不符合事实的:它或者不会那样的幸福,或者不会那样的悲惨,好人不会那般好,坏人也不会那般坏,如此等等。这里所谓"不符合",我们取其"等不来"、"不会实现"之意。真实的情形是,在绝大多数情况下,人们只终止在盼望、想、欲求,随后,不到一秒种,就会被其他的琐事打扰中断,念头也就随之走上了岔路,耽搁于分心和其他消遣。《定命论者雅克和他的主人》生动而真实地描述了这样的情形:每当雅克或刚要讲,或只讲了几句,或只讲了一段或几段自己的所谓"恋爱史"时,或者突然冒出一个意料之外必须马上处理的事件,或者主人从雅克说话的字里行间激发起其他更有趣的念头,这些事件和念头走了岔路,并且自成一段又一段互不连接的逸事,后者才构成了《定命论者雅克和他的主人》的实际内容。一般来说,主人和雅克会把那些出岔的事件和念头演绎到极端,只要还有乐子,就不会停止,只有在没有趣味可言的情况下,主人才提醒雅克接着讲他的恋爱故事,而这样的"接着讲",在很多情况下又演变为乏味的从头(重复)再来(显而易见,在主人眼里,雅克恋爱史的趣味与那些岔路的情趣比较起来,要差一个档次)。这样的情形,是人一生的一个真实缩影,具有非常重要的哲学与文学价值,从根本上说,它简直就是理解 20 世纪西方哲学与文学的一把钥匙。①

当然,狄德罗和卢梭的文学作品都不是横空出世,他们都从前辈作品中获取灵感(像一些和谐或者变了调的改编,但绝不是抄袭,区别就好像我们前面列举的例子:在远处遇到似曾相识的陌生人,陌生人在有才华的作家笔下成为另外一个不同的人,有一种明显不同的情调)。但是,结果却是两个人的名声远在于他们

---

① 这样的讨论,可以引申到狄德罗根本意料不到的领域,可以把表面上完美的故事不能实现的道理引申到更为广阔的领域,它与20世纪著名语言学家索绪尔对拼音文字的基本判断有关:他认为符号是任意的,某一符号与一个对象的连接完全是出于习惯的约定(于是,"狗"的发音与狗的概念联系起来),但事实上,这样的约定只是任意的,对不同的语言来说,不具有任何约束性(所以在不同语言中,"狗"的发音和字形千差万别)。用索绪尔的专业语言:以上的分析适合于能指(即词的音响和形状)与所指(能指所表示的对象或概念)之间的关系。换句话说,词并不指向实在的对象本身,词只是具有意义。词义是由符号之间的排列或者形状的差异所决定的,比如,arbre(树)与barre(杆)的差别。全部语言就是这样的符号差异系统。这里的"差异"亦可理解为绘画或有形的大小多少之程度差异。于是,"狗"(无论它是何种语言音响或字形)并不是以某种方式指向一个真实的动物,而是指它在我们头脑中唤醒的观念或意义,后者不同于"猫"、"熊"……依次类推。注意,按着这个思路,肯定存在着一个危险的倾向,就是词与真实事物之间的关系不是接近(这种接近是最原始的约定,比如象形文字)而是越来越疏远(词的差异性使其意义越来越复杂),人们的语言交流只是在交流意义本身,至于这些意义能否有一个相应的实在东西,是无关紧要的。进一步发展,语词在自身的演变过程中,也会疏远其最初的意义或含义,意义词的能指与所指之间,或者语词本身与语词原来的含义之间的关系也会越来越疏远,这也就是德里达所谓词的意义耽搁、延迟、中断、增补、嬗变的可能性,即所谓"difference"。这样的情景首先具有震撼性的文学效果。20世纪爱尔兰血统的法国著名剧作家贝克特(Becktt,1906—1989)的代表作《等待戈多》的主题就是等不来希望,戈多永远都不会来,而等待着的剧中角色却总是自欺欺人地认为:戈多明天准来,并且在一天又一天的期盼(欺骗)等待中麻木自己,其实剧的主要内容是在无聊等待中所滋生的那些类似荒诞而实际真实的意义,后者才是作者的文学趣味,走岔路的趣味。

的前辈之上。①

狄德罗使《定命论者雅克和他的主人》成为他笔下虚构的爱情冒险，一种真实的虚构。但是，因为这样的判断也描述了18世纪法国小说的一般特性，所以远不能揭示"雅克"一书真正的奥秘：这部作品远离18世纪类型小说的又一基本含义在于，它所虚构的真实描述了很多空白处的感受，使人为难、困惑、尴尬、惊讶的感受。所谓在感受中走极端，就要不惜重笔描述那些似乎无价值的小事，狄德罗从中挑选那些奇形怪状的、怪诞的、令人发笑的因素。它们既含有帕斯卡尔意义上的微妙精神，更营造了效果上的快活，对快活的追求甚至超越了善与恶的道德负担。或者换句话说，18世纪时兴伊壁鸠鲁主义，快乐与善是连接在一起的。狄德罗的作品以他自己独有的方式表现了这种具有喜剧效果的乐观主义生活态度，就思想的深刻性而言，它与庸俗喜剧作品的区别在于，它并不是为了搞笑

---

① 爱尔兰幽默小说家劳伦斯·斯特恩（Laurence Sterne, 1713—1768）创作的《项狄传》被文学研究界公认为是狄德罗《定命论者雅克和他的主人》的一个范本。《项狄传》是一部游戏性小说，一部建立在主人公胡思乱想上的作品，与主人公真实的生活故事无关。据法国当代著名作家米兰·昆德拉——他的代表剧作《雅克和他的主人》就是根据狄德罗《定命论者雅克和他的主人》改编的——的说法，斯特恩和他的读者聊天，离题万里，不知所云；他开始讲一段故事，却永远没有结局；他在书中插入献词和开场白等等。卢梭式浪漫主义书信体则属于另一个小说传统：小说艺术在心理上的可能性，书信体小说起源于英国作家塞谬尔·理查逊（Samuel Richardson, 1689—1761）。昆德拉实际认为，小说的可能性（风格）是不可穷尽的，斯特恩和狄德罗的小说建立在"行动的不一致"上面，从而是不正儿经或游戏之作，不应该硬性地把这样的作品解释为"严肃的"，而真正能称得上为小说的东西，就是不从面前的世界上汲取念头，而是从来就不把这个世界"当回事"。参见米兰·昆德拉《雅克和他的主人》，郭宏安译，上海译文出版社2003年版，第VIII—XII页。

而搞笑,而是体现了不排斥或者宽容任何感受的精神自由风度。因此,我们才能理解它甚至玩味那些"不正儿经"的感情,并且为了制造快乐的效果,在这方面走了极端,比如,感情、举止、说话等等方面的不一致,像是精神上的分裂;时间与地点(或者场景)的不一致(同一时间中的不同时间,同一场景中的不同场景),又像是柏格森说过的,把这些性质不同的因素并列起来。这些是物质因素的分裂。再比如,它视娱乐的效果远比教益更为重要。用蒙太奇一样的剪辑手法,把噱头镜头并列在一起。

在《定命论者雅克和他的主人》中,快乐的事件是制造出来的,并不是对自然的模仿,或者像昆德拉说的,并没有从世界汲取念头,没有把世界当回事。拘泥于自然,就没有那样的快活。如果我们能创造从前所没有的情感,就是开拓了爱的界限,就有更多的快乐,而教育者的姿态却是预先约定了一些不能违背的普遍原则,限制了精神的岔路或者分裂,从而制约了情趣。狄德罗这本书并没有遵循一个事先拟好的提纲,一切"混乱"都由此产生出来:没头没脑、突如其来的话语、情景、事件,但是有些话却一再重复,比如,每当一个无法给予恰当解释的尴尬情景出现时,雅克和他的主人就把原因归咎于天上,"地上的一切在发生之前就在天上书写过了"。这当然只是狄德罗的一个托词,因为他制造快乐效果的欲望多多,一边写,一边设想另一种或几种更好的可能性,选择多样可能性中最好的,像斯宾诺莎和莱布尼茨的混合物。再如主人在缺少趣味时一再请雅克讲他的恋爱史,而后者的讲述过程由于一次次被更有趣味的事件所打断,从而经常重新开始。我们在这里提到的狄德罗书中一再出现的两种重复,它意味着什么呢?重复和抄袭和改编和创造和人生有什么区别呢?狄德罗作品是对斯特恩作品《项狄传》的"抄袭",昆德拉的《雅克和他的主人》是对狄德罗《定命论者雅克和他的主人》的"抄袭"。没有人真正能从头开始,但人们强烈地想要从头开始。狄德罗在书中强调了一个有弗洛伊德价值的立场:人们总是做事先没有想做的事情,违背意愿的事情。重复就是篡改或修正主义,人们总是认为自己是绝对特殊的一个,但事与愿违,因为从根本上说,重复是人的天性之一,所以狄德罗和他的晚辈们只好试图在文学中破坏它,以添加情趣,但所有的岔路终究回归尼采意义上的"永世轮回"。

但是,狄德罗还是要做计划中没有的事,他厌烦雅克的恋爱史,打断它,让它总是从头再来,他喜欢中断所带来的快感,因为那样他就能喜新厌旧,有新的快乐。1973年伽利玛出版社出版的《定命论者雅克和他的主人》新版序言中这样写道:"这本书的结构原则就是中断,中断的目的是激发而不是挫败读者的期待,延迟目的的实现,活跃期待中的焦虑——这正是狄德罗所强调的里夏尔松的颂词[1]——不应该把目的的延迟混同于失望……这种失望——就像我们等待它而什么也没有发生——与叙述的意指关系有关,但与叙述的形式无关,而延迟回应了一种美学意向。我们的期待

---

[1] "这时,你期待时的不耐烦就会被这些琐碎的延误所隔离,这些延误是障碍。伴随这些延误,急躁就不会延伸到这样的时刻,在这时,断断续续、东拉西扯的诗人带来快活。"参见狄德罗:《定命论者雅克和他的主人》,伽利玛出版社1973年版,第21页注释1。

没有落空:'他们是如何遭遇的?他们去哪?'我们知道得太迟了:但我们毕竟知道了。同时,中断可以激起各种各样的角色,更新问题,延伸体验……持续的中断是英国作者行之有效的方法:'借助于这样的技巧,我作品的安排来自一个特殊的空间——我在那里同时协调两种相反的,外表看似不可调和的运动。它同时既是离题的,又是进展的'。①当一种本来有兴致的期待被有效的技巧延迟时,倘若要使角色或读者不感到焦虑,没有被挫败感,就得想方设法在不知不觉中"中断"或者离题,就得不断有新的更为强烈的刺激,从新鲜、好奇到使人震惊。使用一些幽默的技巧:制造相反效果、双重含义、纯粹词语的游戏。另外,更重要的技巧是蒙田就曾巧妙加以利用的"跑题",狄德罗靠中断的办法跳跃情节,然后再把它们剪辑在一起。这种靠"偶然接触"(具有任意性)得到的情节进展与"正儿经"的进展所揭示的视界显然不同。哪里不同呢?速度,游历的速度、描写或镜头的速度、不需要前后交代驾然就出现在眼前,让人摸不着头脑,但立刻进入情境(这是现代电影常用的手法),小说开头第一段就是这样:

他们是怎么碰见的?像所有的人一样,是萍水相逢。他们叫什么名字?这关你什么事?他们是从哪里来的?从最近的地方来。到什么地方去,难道我们知道我们去什么地方吗?他们讲过什么话?主人什么都没有讲,而雅克说,他的连长讲过,我们在这个世界上

---

① 狄德罗:《定命论者雅克和他的主人》序言,伽利玛出版社1973年版,第21页。

所遇到的一切幸与不幸的事情都是天上写好了的。①

昆德拉的赞誉是:"狄德罗是快速的;他的方法是加速的方法;他的视力是望远镜(起初我不知道还有比《定命论者雅克和他的主人》的最初几页还迷人的小说;笔调的转换非高手不能;节奏的感觉;开头的句子极快。"②

把本来不应该放在一起的句子"生硬地"组合在一切(也可以说,这是跑题的效果),就会产生速度,就像电影中的蒙太奇把超越时间和地点的镜头剪辑一起的效果,其结果肯定是新的感受。当狄德罗用一些偶然事件一次又一次打断情节的正常进展时,在效应上也加快了情节的速度,就好像一个思路还没有答案,又来了新思路;又像一个美人从面前掠过,还来不及仔细端详,突然现出更妖艳的美人。正常的进展只是暴露事情的"正面"或者一个方面,与同一性的时间进展相一致;而狄德罗却想"同时"揭示雅克和主人旅行"艳遇"的所有方面,是不同时间地点的不同因素的"同时并列"。于是,"在狄德罗那里,存在着另类结构,插叙 $A = a_1 + a_2$, $B = b_1 + b_2$, $C = c$, $D = d_1 + d$ 的平方。其中的每一个都能形成一个整体,狄德罗根据进展的方案区分和编排这些因素,使其几乎就是 $a_2—b_2—c—b_2—d_1—a_2—d_2……$"③这就形成了叙述过程新的量度,延迟的量度。

这样的叙述,也是一种哲学发明,它与伏尔泰的

---

① 狄德罗:《定命论者雅克和他的主人》序言,伽利玛出版社1973年版,第1页。

② 米兰·昆德拉:《雅克和他的主人》,郭宏安译,上海译文出版社2003年版,第XIII页。

③ 狄德罗:《定命论者雅克和他的主人》序言,伽利玛出版社1973年版,第22—23页。

《老实人》截然相反:尽管雅克还打着定命论的招牌,其效果却是比伏尔泰更大的"精神自由"。这里我们进入了真正的哲学话题:斯宾诺莎和霍尔巴赫都把本来的自然原因归结为一种无法摆脱的"命运",狄德罗笔下的雅克就总是用天上曾经写过来解释发生了的和即将发生的事件。但是,这又绝对不是有神论,就像斯宾诺莎和霍尔巴赫的理论不是有神论一样。值得玩味的是,这里贬低的恰恰是神学中的精神决定作用,摆脱制约我们心灵的幽灵。于是,与卢梭书信体的心理小说不同,因为雅克的言行举止,总是朝着自己原本没有想到的方向。换句话,举止不是心理所能左右的。这才是雅克所表现出来的"自由"(与其说它是精神的,不如说它是行为的),一种另类的自由(因为人们通常把自由理解为能做自己想做的事)。正是这样的自由通向快活或消遣,在效果上也叫做分心,因为原来的心思不再起作用。但是这里,严肃的理智一定要问,这样做的根据或者原因是什么,狄德罗的代言人雅克的回答是,有根据,但是我们不知道它。于是,自由成为一种无知或盲目的自由,不再是后来黑格尔和恩格斯所说的,自由是对必然的认识,雅克所谓不知道的原因写在天上,是一个纯粹的托词,是为无原因或不讲道理的举止寻找借口。不是愿望在先,而是做在先,每一次做都是一种新的可能性。两个无神论者,斯宾诺莎与狄德罗是联系在一起的,他们否认活动或运动的动力来自精神的作用,而是从活动或者运动本身寻找原因,把自由与精神的原因分开。同时,狄德罗也表现出莱布尼茨关于"可能性"理论的热情,对生活世界的乐观主义态度,一切可能的单子世界都是可以宽容的,尽管它们各自不同。

雅克和他的主人具有堂吉诃德一样的"无知的热情",这也解释了他们的行为是由一串没有计划和规律可言的偶然遭遇构成的,但他们对什么都感兴趣,意料之外的兴趣,期待落空后的兴趣,这些恰恰不是所谓的宿命论(因为宿命论只提供一种可能性,比如古代希腊悲剧《俄狄浦斯》),而是抵制命运的(所以狄德罗同时为雅克编排不同的命运可能性),灵感总在意料之外,才能使我们兴趣盎然。

二 《定命论者雅克和他的主人》

开头第一段节奏极快,像是来自不同方向的"废话"。所谓"废话",就是没有意义的话,它好像什么也没有告诉我们。

比如:"他们是怎么认识的,像所有人一样,是萍水相逢。"

"他们叫什么名字,这关你什么事。"

"他们从那里来的? 从最近的地方来。"

"到什么地方去? 难道我们知道我们去什么地方吗?"

"他们讲过什么话,主人什么都没有讲;而雅克说,他的连长讲过,我们在这个世界上所遇到的一切幸和不幸的事情都是天上写好了的。"

我们把没有实现其直接语义的话叫做"废话","废话"耽搁了语义的实现。"废话"是不回答的回答,《定命论者雅克和他的主人》就是由这样的"废话"写成的。"不回答的回答"是因为对接下来的可能性没有把握,面对"他们从哪里来,要到哪里去"这样的问题,答案全在狄德罗下笔瞬间的感受。

再就是没头没脑的语言,在主人夸奖雅克的连长说出一句伟大的话之后,雅克叫了起来,说让魔鬼把那个酒店老板和他的酒店收拾去吧。这是我们上述的"中断",突然无任何停顿地转移到下一个镜头,因为雅克喝了那老板的坏酒,醉后被父亲打了一顿,雅克一赌气跟一支队伍开拔上了前线……开始了他与主人关于雅克恋爱史的对话。

接下来竟然是狄德罗以旁白叙述他此刻的创作意图,他坦诚地告诉读者接下来的几种可能性,比如,或让雅克离开主人,或让这两人一路上遇到各种意外事故,从而无限期地悬搁雅克的恋爱史……制造故事真方便。

雅克又开始讲述他认为早已在天上写好了的恋爱史,我们也可以把这当成真正的宿命论,而狄德罗的使命就是让他讲不完,中断它,一再擦去已经写好了的东西。让雅克不是雅克,或者他同时是自己又是别人,已经写好或做好的事也可以重做。

通常,雅克并不太尊重自己的想法,他的行为与想法之间经常发生矛盾。虽然他相信一切事先已经在天上写好了,但事实上他并不确切地知道天上究竟是怎么写的,因此他承认对自己的欲望和行为的原因实际上是一无所知。人只有幸运与不幸运之分,人们就把那些幸运的人称作聪明人,其实人的幸运与理智无关,因为理智不过是一种危险的幻念。总之,雅克对"原因"抱悲观态度,因为知道了也没用,事情不可避免。换句话说,平时雅克是凭着性子从事的,所谓"天上写好了"的作用只限于自我安慰,暗示他不要依赖自己的精神欲求,理由在于后者总是落空。

恋爱史之所以总是不得不从头讲起,是因为总是被打断。

狄德罗写道:"我并不是在写小说,这是很明显的……有人可能把我写的东西当作事实,也有人可能把它当作虚构的,但是前者的错误可能比后者少些……我就想到问题不仅仅在于要真实,而且还要有趣……"①总被打断的情形比一条线索贯彻到底更真实,现在的问题是要让中断的因素有情趣。对此,狄德罗的回答是,要暴露那些躲在暗处的,鲜为人知的感情。他通过雅克感叹:"啊,要是我讲话能够像我思想一样随心所欲就好了!但是天上写好了我脑子里会有的各种东西,而表达它们的字句是不会到来的。"②"说到这里,雅克被一种很微妙的,也可能是很真实的形而上学难住了。"③这就使维特根斯坦所批评的形而上学具有了意义:一个词所唤起的感觉越是难以表达或证明,反而越是具有意义,一些帕斯卡尔式的微妙精神。这样的微妙体验不是实证主义的,比如天生不会生孩子的雅克怜悯女人生孩子,但不到一秒钟,雅克就说他不可怜这种痛苦,因为他不了解,这又回到了世俗经验。这是精神的冲突、分裂,把似乎不能协调的东西协调起来,就像接下来雅克和主人关于女人的判断,事实上,她们是善良的、凶恶的、愚蠢的、聪明的、虚伪的、

---

① 狄德罗:《定命论者雅克和他的主人》,匡明译,人民文学出版社1980年版,第13、16页。
② 同上书,第18页。
③ 同上。

诚实的、吝啬的、慷慨的、美丽的、丑陋的、多嘴的、谨慎的、爽直的、做作的、贞节的、放荡的……也可以说，这些大字眼都没有说到点子上。这也表明我们绝大多数争论是永远没有正确结果的，唯一有效的衡量标准是词语对神经震撼的程度。也可以这样说，词语不可能准确表达出人的心理状态，意义并不是被准确地刻在文字上，这就是微妙精神。

微妙精神在于它宽容所有的感觉，甚至是不可能的感觉。尽管命定论者雅克认为只有天上写好了的才是可能的，面对各种偶然性的诱惑，也禁不住喊叫起来："见它的鬼去吧，我的恋爱史！我忘记了……"①

"微妙精神"是应该打上引号的，因为绝大多数人是没有什么思想的，所有人除了吃饭睡觉之外，还有一个经常习惯了的活动，落实到雅克主人这里，是吸鼻烟、看时间和问雅克问题。所谓生活的多样性不过是把简单的几样要素加以不同的组合，以掩盖其重复的本质。在这样不幸的境遇下，找或创造乐子对人的幸福就显得异常重要，这也就是雅克和他的主人的"微妙精神"。有趣在于会找乐子，会找的甚至能把不幸变成乐子：雅克在路上的一个插曲是他被误认为与一个女佣睡觉（事实上是她与别人），而让他付钱，他的摆脱办法是想这也是天上写好了的，而幸亏自己的钱袋没丢（在阿Q则是权当儿子打了老子），一念之差悲剧就变成喜剧。

生活的实际内容就是重复，干巴巴的，平淡无奇，

---

① 狄德罗：《定命论者雅克和他的主人》，匡明译，人民文学出版社1980年版，第24页。

一点趣味都没有,狄德罗讽刺了一个不幸的诗人,因为他要从这样的真实中创造诗,事实上,他永远写不出好诗,只能写一些坏诗,但这个坏的诗人却无法抑制自己不写。这个不幸表面是针对诗人,其实是指人本身逃脱不了庸常的环境,像雅克说的,这也是天上写好了的。

一个重复了几次的情节是,每当雅克要重新开讲他的恋爱史,他骑的马就会突然咆哮起来,把雅克拖到一个绞刑架旁。这是一条岔路,只有到这时,才见到雅克难得的沉思;只有这时,雅克才觉得书归正传,继续讲他的恋爱史是必要的。

有意思的是雅克对讲恋爱史的态度:"我始终是愿意的,但命运,它可不愿意。您不是看到的吗,只要我一开口,魔鬼就来捣乱,总要发生什么事情,把我们的话打断了。我这个故事是讲不完的了,我对您说,这是天上写好的了。"①果然,话音刚落,迎面就遇到了抬着雅克连长棺木的队伍。这过渡到另一个鲜为人知的"微妙精神"或趣事:这个连长竟然因为自己的决斗对手死后,丧失了决斗的乐趣,于是郁郁寡欢而死。

这篇小说与18世纪传统小说最大的不同在于,每一小段插曲都不会从头到尾讲完,被打断后又总是接着讲,于是形成几个不同的故事,故事中的故事等等。为了接上这些不同的故事,读者得有好记性。狄德罗确实不是在写小说,因为实际的情形正是,只要我们对听到的谈话(叙述)不感兴趣,思想就一定开小差,所

---

① 狄德罗:《定命论者雅克和他的主人》,匡明译,人民文学出版社1980年版,第47页。

以,在雅克插入了一大堆废话之后,主人不耐烦地追问如何理解失去决斗的乐趣,尽管这事与主人一点儿关系都没有(街道的大妈和田间劳动的妇女也喜欢类似的谈话)。

在接着说之前,雅克又插入与决斗乐趣一点儿关系都没有的宏论:"生命是在误会中度过的。"①所谓"误会",变成哲学语言,就是精神上的岔路。换句话说,人的乐趣都是在岔路上获得的,玩味意义的过程远比实现意义本身更为重要。于是,一个最没有情调的表达就是,"你这样想是不对的"。

雅克想到,他的马引他到绞刑架前并不一定意味着天上写着他命定被吊死,让他心定的是还有其他各种解释。在作品中狄德罗以对可能性的宽容对抗宗教。比如连长与决斗对手的关系:俩人一穷一富、既亲密又仇恨、既熟悉又陌生,决斗中倘若其中一个受伤了,另一个一定扑上去哭,只要俩人一分开,就会感到相互需要……这样奇异的感情也属于我们前面提到的微妙精神范畴,就像一辈子吵架的夫妻,临终时的告别那样感人。几乎没有人认为吵架是有益的,但吵架却是这对夫妻的情趣。就像主人离不开雅克,唐吉诃德离不开桑乔。

多么奇怪的感情,作品中另一个例子是一向助人为乐的古斯,在80法郎的汇票上私自加上一个0,变成可怕的800法郎,而且在偷东西时也不觉得厚颜无

---

① 狄德罗:《定命论者雅克和他的主人》,匡明译,人民文学出版社1980年版,第55页。雅克这样补充道:"在这个世界里,一个人所说的话几乎没有一句是受到正确理解的,更糟糕的是,所做的事几乎也是没有一件受到正确的确定的。"

耻……种种迹象表明,在很多时候,人是没有原则的怪人。在道德观念的掩盖下是怪异的感情。一切并没有道德判官想象得那样严重:古斯帮人还钱,并不见得高尚,只是见不得别人受罪;他贪污或偷窃,并不见得就厚颜无耻,可能只是贪图一时方便……①这些,与上述决斗的例子一样怪诞,还有多少说不出口的感受没有挖掘?就像雅克对他主人说的,"在生活中,我们既不知道什么时候应该高兴,也不知道什么时候应该难过。幸福会带来痛苦,痛苦也会带来幸福。我们在黑夜里在天上写好了的字下面行走,我们在我们的愿望中,在我们的愉快中,以及在我们的痛苦中都同样是莫名其妙的。"②这当然像一种哲学判断。雅克说无论自己在哭还是在笑时,都觉得自己是个蠢货!但他不能遏制自己不哭或不笑。这里,觉得自己是"蠢货"的目光像来自第三只眼睛(出世的哲学),而不能遏制哭或者笑则是入世态度。

出世与入世的矛盾是雅克痛苦的根源。同样的感觉在中国古代道家与儒家中有同样的重复,人心是相通的。比如像古斯和雅克一样,中国古代知识分子的根本立场在于"没有立场"。当雅克说他对付这种困境的办法是"藐视一切"时,③其实是想说他什么都不

---

① 讲到兴头上,狄德罗突然插话:"但是雅克和他的主人呢?雅克的恋爱史呢?啊,读者,您那样耐心听我现在所讲的,说明您对我的两个人兴趣不大,所以我有意思把他们丢开算了。"关于偷书,古斯的高论是:"我在执行正确的分配,难道需要征求他的同意吗?我只不过是把这些书妥善地移动一下,从一个不起作用的地方搬到一个可以被很好地利用的地方而已。"狄德罗:《定命论者雅克和他的主人》,匡明译,人民文学出版社1980年版,第67—68页。
② 同上书,第83页。
③ 同上。

在乎,也就是昆德拉说的不拿这世界当回事,不正儿经。这并不是号召人们去干坏事,而是一种超越人与神之间界限的哲学境界,因为在雅克看来,当他真正觉得睡在凹凸不平的石头上与柔软的床上没有差别时,他就成为自己真正的主人,他可以我行我素。

主人随着雅克来到"大鹿旅馆",店老板娘给他们讲了一个侯爵与拉·宝姆蕾夫人的恋爱故事。后者是一个品德端正,有门第,有财产,高傲的寡妇,侯爵向她献殷勤并要娶她,但她因与前夫生活得非常痛苦,刚开始不敢再次结婚(在这样的叙述过程中,店老板娘总是被一些琐事打断,一会儿有人问她箱子钥匙在哪儿,一会儿有人喊邮差来了……也许狄德罗这样写是为了真实,并一律把这些琐事放在括号里),但固执的侯爵终于感动了宝姆蕾夫人,在几年婚姻生活之后,侯爵开始对她冷淡。为了弄清楚侯爵是否还爱她,宝姆蕾夫人与他做了一次这样的谈话:她假装说自己已经不再爱侯爵了,说自己水性扬花,她请求侯爵用除了"虚伪的女人"之外的一切恶语斥责她。没想到侯爵的反应竟然是对夫人的敬佩,他承认她说的正是他不敢对她说的感情,"我没有勇气说出来……(现在)我们应该相互庆贺我们在同一时期失去了连接我们的那种脆弱的、骗人的感情"[1]。并且因此在侯爵眼里夫人反倒更可爱了(这次是说了真话,这些,又是一些"微

---

[1] 狄德罗:《定命论者雅克和他的主人》,匡明译,人民文学出版社1980年版,第112页。

妙精神")(但实际上,夫人此刻滋生了报复心理)。①

在老板娘接着讲之前,是两段插话,先是狄德罗的感慨:周围一切都在变,而人们却自以为自己的心灵是可以免除变化的——"我不知道这个思想是谁的,是雅克的,是他的主人的,还是我的;但一定是属于这三个人中间的一个的,而且这个思想的前前后后,一定还有许多别的思想。"②分享的念头使"我"变成一个"他",狄德罗下笔之前拿不准主意,让哪一个角色有怎样的念头,让哪一个故事发生在哪个人身上。然后是雅克讲了一个刀(男人)与鞘(女人)的寓言,一个有隐喻色彩的淫秽故事:刀与鞘相互指责对方每天都在更换新的"异性"。而那个中间调解人则劝慰道:"您,刀鞘,和您,小刀,你们更换得好,因为更换使你们高兴;可是你们当初互相答应从一而终就错了。小刀,你没有注意到上帝创造你是为了要使你适合许多刀鞘;你,刀鞘,为了要你去接待不只一把小刀吗?过去你们将发誓不要任何刀鞘的小刀当作疯子,将某些发誓拒绝一切小刀的刀鞘当作疯女;但是你们没有想到,在你们发誓,你,刀鞘,只要一把小刀;你,小刀,只要一把刀鞘的时候,你们几乎一样的疯狂。"③就像主人说的,这个寓言不太道德,但很轻松(是的,人们在消遣时经常为

---

① 侯爵在这里说了另一番"微妙精神":"我们可以避免一般随着感情的终止而产生的各种烦恼的事情,各种小小的不义之事,各种责备和发脾气。您可以重新获得完全的自由,您可以把我的自由还给我……您可以把您在爱情上的胜利向我倾诉,我也将丝毫不对您隐瞒我在爱情上的胜利……"狄德罗:《定命论者雅克和他的主人》,匡明译,人民文学出版社1980年版,第113页。

② 同上书,第113页。

③ 同上书,第115页。

了轻松而遗忘道德)。这也属于不把这个世界当回事,或者不正儿经。人,男人和女人们,难道脑子不是曾经溜号,妄想得到绝对不应该属于他或她的异性吗?或者是不可能属于他或她。于是,狄德罗让这样的搭配发生在小说里(比如霸占最好朋友的女友)。主人此刻立即想到了一个极好的搭配,鉴于老板娘和雅克都这样喋喋不休愿意讲话,并为相互抢话而互生怨气,让俩人成亲如何,看谁能管住谁?雅克却把自己话多归咎于小时候祖父不喜欢多嘴的人,认为那些重复的话都是废话,小雅克只好闭着嘴在房间里跑。狄德罗则要实现另一种可能性,让雅克成为"世上有过的多嘴的人中最肆无忌惮,最无节制的一个"。① 于是雅克成了一个为了讲话而讲话的怪人,不讲话是他最大的不幸,实在没有可讲的了,他就重讲。

耐不住性子的老板娘抢过了话头:宝姆蕾夫人要报复侯爵的喜新厌旧,她通过种种手段让他走火入魔,爱上一对妓女母女中的女儿,并不惜奉上一半儿财产。宝姆蕾夫人亲手导演了这场勾引的好戏,她此刻有一种复杂的"微妙精神",因为她还爱着侯爵。② 但这种微妙心情被指责为歹毒,因为像萨德一样,她以看着男人受折磨为快事,而蒙在鼓里的侯爵却对她感激不尽。她的报复就是,侯爵抛弃了爱他、清白、富有的女人,甘心情愿投入一个妓女的怀抱,当然他误以为后者是

---

① 狄德罗:《定命论者雅克和他的主人》,匡明译,人民文学出版社1980年版,第117页。

② "残忍的男人,我不知道我的痛苦会延续多久;但是我要使你的痛苦永远存在下去。"宝姆蕾夫人迟迟不安排侯爵与那个女儿见面,"她答应下的这次会见,使侯爵等待了近一个月,这就是说,她让他有充分的时间来受折磨,来好好地自我陶醉。"同上书,第143页。

一个纯洁少女。在侯爵误认为自己已经得到一切后，宝姆蕾夫人才告诉她真情。但她并没有完全达到目的，因为侯爵在愤怒失望之后，还是觉得宝姆蕾夫人其实还是为他大大效劳了一把，侯爵的这种"微妙精神"是宝姆蕾夫人预先没有料到的。就像雅克对他主人说的，生活中真不知道什么是幸福、痛苦、高兴、难过，一切都是莫名其妙的。

有理由认为雅克是一个斯宾诺莎意义上的无神论者，他的口头禅"天上写好了的"也应该在这样的意义上理解："不管组成我的元素总数是多少，我是单一的；而一个因只能有一个果，我每次都是一个单一的因，所以我每次都只产生一个果；所以我的一生产生一连串的必然的果。"雅克就是这样根据他的连长的见解来推论的。物质世界与精神世界的区别在他是没有意义的。他的连长把那些从斯宾诺莎的著作里汲取来的见解完全塞到了雅克的脑子里。至于来世，雅克的态度是："我既不相信，也不不相信；我根本不去想它。我是尽可能地在享受这提前给了我们的生活。"①

最后两个精彩故事中有一个是雅克讲自己怎样失去了童贞，主人立刻兴趣盎然，认为这是男女私情中最激动人心的，其余只是没有意义的重复和重演：雅克有一个教父、造车匠老俾格。教父的儿子小俾格是雅克的朋友。在雅克与小俾格十八九岁的时候，俩人都爱上一个叫做裘斯蒂尼的年轻貌美的女裁缝。老俾格的店里有一座阁楼，待父亲睡觉后，儿子就引诱裘斯蒂尼

---

① 狄德罗：《定命论者雅克和他的主人》，匡明译，人民文学出版社1980年版，第181、197页。

顺着梯子爬上阁楼,在天亮之前再爬下去,就像什么都未曾发生一样。但有一个清晨,裘斯蒂尼还没来得及走,老俾格嚷嚷着让儿子去村外送车轴。小俾格慌忙要去完成任务,而裘斯蒂尼没有机会爬下来,只好躲在床下。小俾格跑去把自己的困境告诉了雅克,雅克则讪笑着让他去兜会儿圈子,由自己解决这事儿。雅克是怎么解决的呢?他去教父那里,嚷嚷着自己困极了要上阁楼睡觉。接下来发生的事不言自明,因为裘斯蒂尼不敢嚷嚷,雅克答应了她提出的唯一条件:不让小俾格知道这事。过了一会儿,小俾格回来听父亲说雅克睡在上面,吃惊得张着大嘴一句话也说不出来。待雅克终于从阁楼下来,老俾格发现他精神饱满得像刚吃过奶的孩子。心想睡眠真是个好东西。雅克走后,镜头切换到小俾格与裘斯蒂尼,她装得比小俾格火气还大,因为她发誓雅克真是他最好的朋友,没动她一根手指。而过后雅克也对小俾格发誓,裘斯蒂尼是最规矩的女孩。从此,小俾格更爱他们俩。

这就是雅克失去童贞的经历(这里需要补充,雅克的恋爱史是从他失去童贞开始的,这之后,雅克喝得大醉,被父亲打了一顿,他一气之下参军,在打仗中膝盖骨中弹,被人放到大车上运走并得到一个漂亮女人的照料——这些是雅克所谓"恋爱史"的基本情节)。没有浪漫,几乎近于施暴。一个没有教育或伦理目的的粗俗故事。同样庸俗的是,同村的两个太太用引诱的方法得到了雅克的"童贞",尽管她们不知道雅克已经失去了童贞。

怎么?你,狄德罗,"一个爱好哲学、品行端正、明辨是非的人会喜欢讲述这样猥亵的故事呢?首先,这不是故事,而是真人真事(狄德罗以下列举了拉封丹等大作家笔下同类性质的作品)。你们里面哪一个敢指责伏尔泰创作'圣女'呢?① (狄德罗预见到了下面这样的指责)……没有一个人……但是您会说,伏尔泰的'圣女'是一部杰作啊!而您的雅克,只是一些没有趣味的、缺乏连贯性的事情的堆砌(但是狄德罗说他只是把谴责者自己真实的荒唐事记录下来,使狄德罗自己发笑,而谴责者自己却可能是一个伪君子,因为狄德罗说不能因为你可以像驴子似的交媾,而不允许我说交媾。你有行动权,而我连发言权都没有。换句话说,狄德罗认为偷窃、背叛等是世俗的事实,你不去说它,并不见得就会减少)要是那些用得最少、写得最少、也最不常讲的话,成了大家最知道、最了解的话,这是好的。而事实上已是这样。因此同人睡觉这个词并不比面包这个词显得陌生;任何时代都不会不知道它,任何方言里都不会没有它。在各种语言里,它有上千个同义词,它渗入在每一种语言里而不显示出来,它没有声音,也没有形象,而最要用到它的人也总是最不肯提到它的人。我还听到您在叫喊'呸,伤风败俗的东西!呸,无耻的家伙!呸,诡辩之徒!……'拿出勇气来辱骂一位您经常在手头翻阅的可敬的作家吧,我这里只是他的翻译者而已。他的放浪的手法,在我看来几乎就是他品行纯洁的保证。这位作家就是蒙田。有这么一句话:'对我们,篇章虽然是淫靡的,但我们

---

① "圣女",即 La Pueelle,是伏尔泰的一本诗集。伏尔泰本想在这本集子里把英勇的圣女贞德作为猥亵的笑话对象,但结果并不曾如愿。

的生活却是无可指责的.'"①

  最后的精彩故事是雅克主人自己的恋爱史:他与一个骑士都爱上了阿加脱小姐。主人为小姐耗尽了钱财,而骑士当着主人的面信誓旦旦,要帮助朋友促成这桩美事,因为他说他发现阿加脱小姐喜欢的是他的朋友,而不是自己。主人真切地感受到朋友的深厚友谊。但事实恰恰相反,是骑士抢先一步把小姐弄到手,并且向雅克主人编造了一个动人的爱情故事:骑士的朋友爱上了像阿加脱一样美丽的小姐,而那小姐爱的却是骑士:"他为她倾家荡产,而享受着她的情分的却是我。"当雅克主人说他要是那个朋友,就会原谅骑士时,骑士对他直言:那个朋友就是你!骑士装出痛不欲生的样子,并且把不忠不义的罪名首先推给阿加脱小姐。骑士的巧嘴竟然使主人谅解了他。装作无地自容的骑士又假装要用行动报答雅克主人的宽容,揭穿没有情义的小姐(雅克急得在一旁插话,提醒主人骑士是一个精明的骗子)。可是,主人值得同情吗?他谅解骑士的条件竟然是让后者谈谈与他过夜的阿加脱小姐是不是很淫荡("微妙精神"),而另一个"微妙精神"来自骑士的狡诈而淫秽的眼神:因为雅克的主人与骑士身材差不多,没有灯光小姐是分辨不清两个人的,与其给他讲,不如让他自己去睡。骑士的计划是让雅克主人与小姐睡到天明,而由骑士来捉奸。但是,万万没有想到的是,骑士一早领来的是警察、阿加脱小姐的父母和亲属们。结果,雅克的主人被关进了监狱,骑

---

  ① 狄德罗:《定命论者雅克和他的主人》,匡明译,人民文学出版社1980年版,第224—227页。

士彻底打败了他的情敌。

但是,骑士真的胜利了吗?阿加脱小姐看清了他没有廉耻的真面目,而她也体会到对骑士说的话:"我同他睡觉的时候,还以为是在跟你睡觉呢。"(又是"微妙精神")到底谁是失败者或者胜利者呢?就像雅克对他主人说的,生活中真不知道什么是幸福、痛苦、高兴、难过,一切都是莫名其妙的。当然,雅克的主人终究是应当难过的,因为他在监狱里又被告之阿加脱小姐怀孕了,要付巨额赔偿费,可日后那孩子的相貌简直就是童年的骑士。[1]

人的命运是写在天上的,我们永远不可能知道它。狄德罗留给我们无数的"微妙精神",他让它们有情趣,认为有趣比评价更重要。

---

[1] 雅克在这个故事讲完之前,最后一次向主人讲了一个风骚女人的故事。大意是说一个寡妇,在丈夫死后,在理智上是绝对守身如玉的。但是在性情上,却是风流放荡的。她前一夜干了傻事,第二天就会后悔,但是,这并不妨碍她第三天接着干傻事:"她的整个一生都是在从肉体上的快乐到心灵的悔恨,又从心灵的悔恨到肉体的快乐中消度的。她追求肉体快乐的习惯不曾窒息了她心灵的悔恨,而她心灵悔恨的习惯也不曾窒息了她追求肉体快乐的兴趣。我是在她生命的最后阶段认识她的,她说她终于逃脱了两个顽强的敌人。(她的丈夫在活着的时候)对于他的妻子猎获了这许多男人是原谅的,因为他的妻子对情人是经过了严格而且细心的选择的……她认识到她自己的水性扬花。'在我的一生中,'她说,'只说过一次虚伪的誓言,那就是第一次的誓言。'不管是一个人失去了对她的感情,还是她失去了对那个人发生过的感情,那个人依旧会做她的朋友。一个女子正直的性格和品行之间有这样惊人的差别真是史无前例的。大家不可能说她有端正的品行;可是大家都得承认,要发现一个比她更正直的女人是困难的。"狄德罗:《定命论者雅克和他的主人》,匡明译,人民文学出版社1980年版,第262—263页。

三 昆德拉的"增补"或"变奏"

当代捷克籍法国著名作家昆德拉说,整个小说史没有《定命论者雅克和他的主人》是不可理解的。他认为与其说他爱启蒙时代,不如说他爱狄德罗,特别是《定命论者雅克和他的主人》①。他重申了狄德罗所继承的斯特恩《项狄传》的风格,即"这部小说'自始至终'、全部都是不当回事的;它什么也不让我们相信:不相信人物的真实性,不相信它的作者的真实性,不相信作为文学的小说的真实性。一切都成为问题,一切都要怀疑,一切都是游戏,一切都是消遣(对消遣不感到耻辱),并接受小说的形式所要求的一切后果"②。换句话说,"不当回事"就是没有任何宣传的目的,而"宣传"就是"当回事",就不是纯粹的游戏或消遣——这显然与我们所理解的启蒙传统大相径庭。但正是在这个意义上,昆德拉喜欢这部小说。它表明自己不太像 18 世纪的作品,但是也可以有另外的理解,如果《定命论者雅克和他的主人》也是一部非"宣传"意义上的启蒙之作,那么,对启蒙的理解显然就得超越原来的界限。这样理解的启蒙既不是伏尔泰的,也不是卢梭的,而是为哲学和文学开辟了一条巨大的可能性,一条新的道路:游戏本身。这条道路即使在 20 世纪也是独特的。

---

① 米兰·昆德拉:《雅克和他的主人》,郭宏安译,上海译文出版社 2003 年版,第 VII 页。
② 同上书,第 XI 页。

昆德拉总结了《定命论者雅克和他的主人》的四个特点（它们应该属于现代哲学和文学的念头）：1. 快节奏（就像我们以上总结的，把不同岔道或分心的念头连接起来的句子和段落，就显得小说推进的速度快）；2. 在结构上，狄德罗使小说成为相互打断的，从不同角度进行的叙述者的对话，这样的交谈构成小说本身（昆德拉说小说中有五种对话：狄德罗与读者对话；主人与雅克对话；雅克与主人对话；老板娘与听众对话；叙述者通过对话来讲对话）；3. 在精神上，"狄德罗的小说是不查原稿的放肆的自由、没有伤感的借口的色情的一次大爆发"。4. "狄德罗创造了一个在他之前从未见过的空间：一个没有布景的舞台：他们从那里来？不知道。他们叫什么？这与我们没关系。他们多大年纪？不，狄德罗不做任何事情使我们相信他的人物真实地存在于一个确定的时间里。在世界小说的全部历史中，《定命论者雅克和他的主人》是对现实主义的幻觉和所谓的心理小说的美学的一次最彻底的拒绝。"①

眼花缭乱，随意打断（这有时意味着故事的混淆，或者雅克是自己又是别人），拒绝伤感（等一些深沉的感情）与放弃内疚（注意这里潜在的拉美特利—萨德主义）。不需要物质世界和心理世界的束缚。当雅克不把物质世界当回事时（他活动在不需要布景的舞台上），也不把自己的想法和欲望当回事时（即不把人们通常关心的"谁"、"哪"、"何时"等问题当回事）时，那么，小说还剩下了什么呢？什么也没有，这是对小说的

---

① 米兰·昆德拉：《雅克和他的主人》，郭宏安译，上海译文出版社2003年版，第XIV页。

一次大拒绝。像狄德罗坦白的,他不是在写小说,而是写事实(这里,令人震惊的是,他把虚构也叫做事实)或者事实的哲学,我们应该把它当作哲学小说或哲学本身(只要把这里的人物换成概念)。但同时也是小说或哲学新的可能性。如果这样,"有一天所有过去的文化都要完全重写,并在重写后完全被遗忘。"①

昆德拉绝不承认他抄袭了狄德罗(这是一个极其严肃的哲学问题,用通常的眼光看,昆德拉的"抄袭"非常明显,他不但抄人名,更整段整段地抄袭基本情节。他以下替自己辩解的理由是相当微妙的),他区分了"重写"(用他的术语,即"变奏")和"改编"(即"缩写",这才有模仿和抄袭之嫌)。换句话说,昆德拉只承认自己是一种"变奏"性质的"重写"。② 是两个作家、两个时代的相遇,昆德拉把狄德罗的这本小说"重写"为剧本,并变奏为三个爱情故事:主人的、雅克的、波默莱的。三个故事互为变奏(多声部或非线性地讲述或相互交叉)。

评论家弗朗索瓦·里卡尔认为,昆德拉所谓的"变奏"是可以不断延续下去的变奏,即变奏还可以再变奏:"变奏则是对另一个空间的探索,是在'内在世界

---

① 米兰·昆德拉:《雅克和他的主人》,郭宏安译,上海译文出版社2003年版,第XV页。
② 昆德拉认为自己处理与狄德罗作品的关系的做法与后者处理与斯特恩作品的关系的做法是相似的:"狄德罗从斯特恩那里借用了雅克膝上中了一弹,被别人放到大车上运走并得到一个漂亮女人照料的全部故事。这样做的时候,他既没有模仿,也没有改编。他在斯特恩的主题上写了一个变奏。"同上书,第XV页。与以上昆德拉分析的《定命论者雅克和他的主人》的四个特点相反,他认为斯特恩的《项狄传》用的是减速或显微镜的方法;只是一个叙述者的独白;在精神上放荡躲在伤感和害羞之中;事件还是扎根于时间地点之中。

的无限多样性'中的旅行,这种变奏指向集中、指向反复、指向深入,就像一种耐心的钻探,在相似之物的内容中,围绕着固定的一点,开挖无数的通道。这个固定点总是一样的,但不可接近,除非通过这种多样的、总是重新开放的方式。"①所以有无数的变奏(复数)。变奏也是增补,但它立足于"异",而不是"同",就像生命、小说、事件、恋爱、说话的长途旅行。昆德拉借用了狄德罗的话题接着说(把单数话题变成复数,因此,也是昆德拉和狄德罗这两个人之间的对话)。

那么,究竟什么是昆德拉对狄德罗的"变奏"呢?这就是——超越18世纪的"边界"。无论怎样,狄德罗可能说出的任何出格的语言总带有18世纪的烙印。昆德拉说自己对狄德罗的作品作了"戏谑性"的"变奏":"我对他的小说进行了彻底的重写;尽管那些爱情故事仍重复了他的故事,但对话中的思考却更属于我;每一个读者都能立即发现,那里有一些在狄德罗笔下不可设想的句子;18世纪是乐观主义的世纪,我的世纪不再是了,我本人更不是乐观主义者。在我的笔下,主人与雅克忘乎所以地大讲特讲在启蒙时代难以想象的阴郁的荒唐话。"②与昆德拉的"不再是乐观主义者了"相比,18世纪的乐观主义者狄德罗还是单纯的,因为昆德拉也不是一个悲观主义者,他在前言《一种变奏的导言》中声明不喜欢陀思妥耶夫斯基的《白痴》所表现的"阴暗的深刻性",厌恶把什么都变成"情

---

① 米兰·昆德拉:《雅克和他的主人》,郭宏安译,上海译文出版社2003年版,第149页。
② 同上书,第162页。

感世界"与"精神创伤"。既不悲观也不乐观,那还剩下什么呢?——把什么都不当回事的"戏谑",超越了"边界"就要"笑声大作"的效应,在这里寻求安慰、支持和呼应。于是,乐观变奏为荒诞,不正经的乐子变奏为荒唐。

我们以下不重复已经熟悉了的情节,只寻找昆德拉的变奏:

开场一幕雅克上台偷偷对主人用手指着观众:为什么他们都看着我们?(对观众)你们不能看别处吗?(废话,你在演戏,不看你看谁)雅克说的这番荒唐话的用意是想提醒观众不要指望这出戏要详细交代时间地点人物之类,也即,别把我当回事!

在狄德罗的叙述结构基础上,昆德拉让两个故事、两种情景的对话交叉进行,制造这种交叉甚至能相互连接的可能性,仿佛能使一个故事中的角色安插在另一故事中,实现了电影中蒙太奇手法才能实现的效果,从而使节奏变得更快:

(以下两场对话借用了狄德罗小说中雅克和他主人各自的恋爱故事的情节结构:即一个故事发生在雅克、小俾格、裘斯蒂尼小姐之间,关键地点:小阁楼;另一故事发生在雅克主人、骑士、阿加脱小姐之间,关键地点:小姐卧室。对话之前小俾格已经知道雅克上过阁楼,与裘斯蒂尼小姐在一起;雅克主人也知道了阿加脱小姐与他的骑士朋友之间的勾当。)

圣—旺(即骑士):别折磨我了,我的朋友!

朱斯蒂娜(即裘斯蒂尼小姐,哀求地):我发誓他甚至没有碰过我。

小毕格尔(即小俾格):撒谎!

(雅克的)主人:你怎么能!

小毕格尔:跟这个坏蛋!

圣—旺:我怎么能?因为我是太阳底下最卑鄙的人!……

朱斯蒂娜:不是坏蛋!他是你的朋友!①

这里,除了细心区别哪个角色属于哪个故事的欣赏或阅读方法之外,还可以从头到尾混着来,就"误会"成雅克主人对朱斯蒂娜说:你怎么能跟这个混蛋!圣—旺变成了朱斯蒂娜,或者朱斯蒂娜变成了圣—旺。换句话说,这两个人相互为复制品而已,性质一样恶劣。这是重复中的变奏,还是变奏中的重复?"是的,先生。"雅克回答说:"就像一个木马,转个不停。"

但是,如果以上的阅读理解是答错了的话(歪打正着),那么,在接错话的两者之间就形成了一个新的空间,能使人发笑的一种新的可能性(变奏),让本来不对应的东西相互对应,就像剧中昆德拉让雅克和他的主人对相互交换女友兴致盎然。

剧中有多处类似的情景,下一页:

主人:别再折磨自己了。

小毕格尔:(动摇了)他这么跟你说的?

朱斯蒂娜:是啊。

圣—旺:我要折磨自己。

另一个变奏是同一个人既可以走进剧情成为一个

---

① 米兰·昆德拉:《雅克和他的主人》,郭宏安译,上海译文出版社 2003 年版,第 39—40 页。

角色（入世），也可以走出来成为另一个角色，或者变成一个评论者。在以上对话进行过程中，雅克突然对主人插话说他的遭遇与主人类似，主人马上从自己的角色中走出来，问雅克是怎样遭遇，而旁边圣—旺接着对主人说想向那无耻女人复仇，但是主人早已被雅克吸引，就对圣—旺说，等一会儿再继续我们的故事吧！

所谓变奏中的快节奏，就是不分情节进展到何处，任性地改变意向（意想）的角度与方向：主人在台上对雅克说还有很长的路要走，我们怎么没有骑马。当雅克回答说舞台上没有马时，是从另一个空间——剧场之外的接话。这当然是演戏中不合情理的接话，也是让本来不对应的东西相互对应，从而造成荒唐效果。但是，昆德拉要在这条邪路（斜路、岔路）上走极端，他让主人说："为了一个可笑的戏，我得徒步走路。虚构我们的大师原本是给了我们马的！"（这显示拿自己和自己演的戏和剧作者都不当回事，一句戏谑语，一句油嘴滑舌的废话）于是角色向自己的作者发起攻击：能否重写，给我新的可能性："我常常自问，雅克，我们是不是好的虚构。你认为人家很好地虚构了我们吗？"①以至于怀疑天上那位书写者。这是对"精神"或导演者的抵抗，对精神分析的抵抗。昆德拉通过雅克和他的主人之口，"讽刺"拙劣的青年诗人与创造自己的大师狄德罗没有本质的不同，总不像出自神的手笔，总是公众趣味的重复。"就像一个木马，转个不停。"而雅克主人想要一个更好的创造者，他和雅克经常推翻已

---

① 米兰·昆德拉：《雅克和他的主人》，郭宏安译，上海译文出版社 2003 年版，第 47 页。

经编好的故事,从中演绎另一种可能性(重写)。

雅克对他的主人说:"先生,除了我们的故事,人们还重写了其他很多东西。所有地上发生的事情已经被重写成百上千次了,从来没有人想到要去检验实际上发生的事情。人类的历史反复被重写,人们都不知道他们是谁了。"①

人们诅咒重写,认为或者它是抄袭,或者它是篡改。至于昆德拉的"变奏",只是重写的另一种说法。但是重写的路四通八达,在昆德拉这里通向荒唐。荒唐本身就已经是效果,昆德拉宁可"笑声大作",也不要陀思妥耶夫斯基式的"精神创伤"。

---

① 米兰·昆德拉:《雅克和他的主人》,郭宏安译,上海译文出版社2003年版,第110页。

第八讲

启蒙世纪的另一半:"狄德罗们"与古典的浪漫主义

尚杰讲
狄德罗

18世纪的欧洲是理性启蒙的世纪,它的实验成果体现在对世界近现代历史过程发生重大影响的法国大革命。一般来说,这个立场是"正确的",可是,在相当大的程度上它也是一种"偏见",因为我们的目光只是盯住科学和理性,或者说是"光明"(译成"启蒙"的法文 lumières 一词本意就是"光明")。无论是启蒙还是光明,都是"透明"——驱散乌云见太阳,文明战胜蒙昧。所有这些,都是一些比喻。总体来说,"启蒙"构造了庞大的理性乌托邦,它表现为道德、政治、哲学、宗教、文学、历史、科学等等领域的近代话语，也形成了所谓"现代性"的基本特征。我们之所以称这些近现代话语模式是一种"偏见"，原因在于，"光明"的背面始终存在着，它与光明同时存在，就像一枚硬币的正面和反面。历史选择了正面，于是，在以哲学史为精髓的欧洲文明史中，我们很少能听到反面的声音。但是，相反的声音始终存在着，这些声音特别在20世纪有了令人惊异的回应。作为一部完整的思想史，我们不能忽视启蒙世纪的另一半。

这个"另一半"有它自己的线索，它的背景和效应：它的思想之源主要是蒙田和帕斯卡尔；在18世纪有我们熟悉的卢梭狄德罗们；作为它在欧洲的后世效应，我们可以联想起马拉美、波德莱尔、尼采、普鲁斯特、胡塞尔、柏格森、海德格尔、萨特、梅洛-庞蒂、列维那、福柯、德里达等等。如果不加以限制，这个名单可以开得很长。我们当然知道这些哲学家或者文学思想家之间有巨大的差别，但是，他们在隐蔽之处，始终就没有停止在正统形而上学之外的活动。这些边缘性的思想从20世纪开始渐渐走上前台，我们开始惊讶，因为哲学史教科书中很少告诉我们18世纪哲学的另一半，尽管它原来就存在着。

理论与现实生活中的乌托邦——一个实际上并不存在的地方。可是，乌托邦的观念（我们在广义上使用"乌托邦"一词，特别注意它在精神上的含义）在欧洲近现代文明中起着其他任何概念都无法替代的巨大作用。我们甚至可以说，在法国，18世纪启蒙理性的胜利是政治和道德乌托邦的胜利，科学与哲学分别从物质和精神上为这样的乌托邦奠定了基础，我们这里所提到的各个概念是完全一致的,它们为法国大革命,以至后来拿破仑一世的专制铺平了道路。可是,在整个18世纪,与"精神"(它意味着概念推理等与逻辑有关的东西以及科学实验的经验)这条线索平行的还有另一条"心"或者"心情"(它意味着直觉情感情绪想象等等)的线索。我们不能称后者是今天意义上的文学艺术,因为它表述的是"哲学心情",习惯上把它命名为浪漫主义。在法国,真正文学类型意义上的浪漫主义高峰存在于19世纪,但是思想资源却在18世纪;19世纪的成就在文学,18世纪的成就则在哲学。为了加以区别,我们称18世纪的浪漫主义为"古典的或者前浪漫主义"。它的特点是:把情感、欲望、情绪、哲理、想象、雄辩等看似自相矛盾的因素融合在一起,与习惯的心理和行为相抗衡。它的"哲学文体"不是后来的哲学八股文,不是我们今天常见的哲学论文和著作,而是随笔、对话、书信、小说等等。这是民族文化性格使然,因为我们在更为"怪诞"的20世纪法国哲学中,也惊奇地发现了18世纪的影子——它是另一种西方哲学。

在以往关于启蒙世纪的研究中,我们往往只是关注哲学家的共性,不太注意他们之间的差别,这往往导致以"乌托邦"的方式研究启蒙的乌托邦,使我们始终面对一个空物而无法抓住真实的内容。事实上,启蒙思想家之间的交往比我们想象的要少得多:伏尔泰与卢梭就从来没见过面;狄德罗与伏尔泰之间可能也没做过一次推心置腹的谈话;达朗贝尔与伏尔泰的交情只是简单地握一下手;狄德罗主编了著名的《百科全书》,但是参加撰写的人也并不构成一个党派性组织,而只是一个写作班子,由观点各异的哲学家、文学家、科学家们组成,他们以自己的特殊感受表述新风俗与新知识。启蒙思想家之间"统一的哲学立场"只存在于历史编撰者的想象之中。如果我们的目光偏离乌托邦的方向,寻找可以感受得到的热情,就会发现,在18世纪令人们激动不已的,经常是文学作品中塑造的人物形象:卢梭《新爱洛漪丝》中深陷感情矛盾的朱丽,青年歌德《少年维特之烦恼》中的维特,伏尔泰《天真汉》中历尽千辛万苦寻找幸福的憨人,狄德罗笔下那个近乎痴癫的"拉摩的侄儿"。这些人物并没有"光辉的形象",他们是不透明的,琢磨不透的;不是"被启蒙敞开了的精神"而是"易感受的心灵"。精神与心情既是融合的,又是冲突的,他们在同一个人身上,就表现为矛盾。换句话说,我们以前只是分析了启蒙思想家们的"精神",而忽视了他们的"心情"。这就等于说,只是了解了启蒙的一半,而"心情"那一半也许更为真实。如果这个判断成立,那么,我们有义务揭示后者所"创造"的说话和思想方式,它是另一种智慧,对后世欧洲文学和哲学有极大影响。

"心情"的一面常与表面上的乐观主义相反,它是阴暗焦虑的一面。两方面合在一起,就是由追求幸福而产生的焦虑,它躲在自由平等博爱的背后。前台上演的乌托邦神话与台下观赏的心情并不是一样的,台下的阴影、黑暗、暮色与台上的光明形成鲜明的对照。这些散乱的心情藏匿着另一种智慧,别一番景观。面对这样的18世纪,我们突然感到陌生。尽管"启蒙世纪"的说法已经深入人心,但是"启蒙"或者"光明"可能会转移我们的注意力:它遗漏了18世纪欧洲特别是法国的许多东西。问题的关键在于,我们是一般性地提出问题还是注意观察细节。18世纪的成就不仅在于前者,也在于后者,新世纪第一个启蒙思想家孟德思鸠的最杰出贡献不仅是对洛克曾经提出的政治分权理论的进一步发展,也是指出,不同气候下的人有不同的秉性和心情。这就导致了多样性,它与"模仿"、"一致"这样的字眼相冲突。每个人的"心情"也是这样,它是完全自我化的,有自己的方式和内容。比如不同的身体——性别。所有这些,都不是以"启蒙"的眼光匆匆一瞥就可以一目了然的。需要我们研究的因素,躲在启蒙的阳光照射的范围之外。

为思想贴标签的习惯做法也妨碍我们细微的观察,并且可能使我们的思维被导入误区,因为事物在严格意义上的界限并不存在。尽管我们不得不使用下面这样的术语,但是他们之间的差异有时却是模糊的,诸如文艺复兴、人道主义、古典主义、浪漫主义等等。我们的办法是尽量"多研究问题,少谈点主义"。我们不满足于知道名称概念,而且也要知道它的来源;不仅知道一个概念的正面,也要知道它的反面。后一种结果会使我们大吃一惊,它使我们感到,"启蒙"一词有以偏概全之嫌:理性的胜利不就是自由、平等、博爱的胜利吗?不就是法国大革命的胜利吗?一切都被贴上了标签,人成为了"公民"。可是,"启蒙"的词汇也使我们不容易看到:支配理性的是热情,在自由背后的是暴力和专制,在革命的神话后面是恐怖。动乱、毁灭,一个把一切推倒重来的法国。这就是革命的真理?!无论怎样,这是历史的真实,对它的道德评价常显得软弱无力,因为实在说来,它既不好也不坏,它只是展现出来。精神的"进步"掺杂着心情的悲惨,只是后 种痕迹被理性的"胜利"掩盖了。卢梭的追随者当中,不仅有革命者的统帅罗伯斯庇尔,还有在18世纪上叶迷恋死亡和魂灵缠绕的法国作家普雷沃(1693—1763),黑色的或恐怖小说作家雷埃韦(1729—1807)和拉德克利伏(1764—1825)。大革命也是狂热者、恐怖者、虐待者的"节日"。萨德(1740—1814)描述了人性的谵妄,排除精神与身体禁锢的欲望(巴士底狱的象征),以至于看上去像似癫狂,这是那个时代的环境使然。在萨德之前的里夏尔松(1689—1716)在他的著名作品《危险的关系》中曾经对"萨德主义"的出现做了预言:各种价值判断面临着被颠覆的危险,就是说,扬恶而除善。

如果一定要确立一个18世纪法国知识分子中的代表人物,既不是伏尔泰,也不是卢梭,而是狄德罗。我们切不可简单地给狄德罗贴上唯物主义和无神论的标签,事实上他是一个复杂的"启蒙思想家":他的精神和心情之间有着细致微妙的差别,他不仅是哲学家,还是小说家、剧作家、诗人、文艺批评家、艺术家等等,其中任何一个名称都不能单独代表他的全部人格。此外,伏尔泰、孟德斯鸠、达朗贝尔、卢梭也都是"百科全书"式的人物,他们分别偏重于"精神自由"、历史与法律、自然科学、情感生活等等。我们不仅应该看到他们的启蒙,也要看到他们的心情,理性压抑不住的热情。他们都是热情洋溢之人,也用"心"思考。

17世纪的帕斯卡尔在他著名的《思想录》中就曾经诉诸非理性的"理性",向内心情感妥协的"理性",放弃科学的严格性的"理性",与几何学精神有别的

"微妙精神"。帕斯卡尔,这个当时第一流的数学家、物理学家、逻辑学家竟然说出这样的话:没有比否定理性更符合理性的了……我们所有的说理都可以归结为向感情让步。① 这是精神与心情不合拍的又一个例子。

这是理性与非理性之争。理性的力量毕竟是非常强大的,它是近代实验自然科学的产物,我们可以一直追溯到牛顿和伽利略,在哲学上则是培根、洛克、笛卡尔,无论是经验论还是唯理论,在广义上都诉诸于科学理性。当我们说"心情哲学"是法国启蒙时代的另一半时,也不要忘了与理性相比,它是十分脆弱的一半。如果18世纪的法国文学没有启蒙哲学作为注解,就黯然失色。那个时代的文学家如果不首先是个哲学家,其文学成绩就会大打折扣(同时,一个哲学家想要成名,也必须写出畅销的文学作品)。法国人认为他们的18世纪是"哲学的世纪"(可是这里的"哲学"一词与之后不久的德国古典哲学的意义完全不同)。确实如此,启蒙时代的法国弥漫着一种特殊的"哲学味",以致于压抑了同时代法国文学的成就。

由于以上的原因,启蒙时代的法语也渐渐崛起,似乎成为整个欧洲的"理想语言"。法语被认为清晰严谨,它的形式与理性内容相得益彰。一个伏尔泰倾向的法国哲学家里瓦罗尔(生于1753年)就曾撰文称赞

---

① 帕斯卡尔:《思想录》,第272、274页,布吕斯维克出版社。

法语,①就好像在道德和政治的乌托邦后面,还有语言的乌托邦,作为表述启蒙理想的工具。我们甚至也可以说,它维护一种几何学一样的语言,笛卡尔的沉思一样的语言。对法语的信心,就是对时尚和进步的信心,对古代蒙昧语言的蔑视,所有这些,又体现了"启蒙精神"。同样,"启蒙精神"的文学免不了成为"观念形态"的文学,其中明显蕴涵着教育意义,为思想服务,以致直接影响了它的艺术价值。

同时,非理性、人的自然性、野性、身体性从一开始就朝着与"伽利略精神"或启蒙精神相反的方向,它们都与心情因素有关。或者说,是人的另一半。普雷沃是与伏尔泰同时代的作家,他的作品表现了18世纪人的焦虑、忧郁、绝望倾向,描述人的精细情感,被他的同时代人称作"情感的形而上学"(我们把这里的"形而上学"理解为"真")②。所谓"流派",我们理解为善于做某一类型的描述,就像普雷沃在这里表现出来的感情中的哲学倾向:分析情感中的矛盾、不可理喻的无聊、爱的怀旧、罗曼蒂克的焦躁等等。着力描写无聊或空虚的做法本身并不无聊,那意味多了许多思考,引导到哲学,就像萨特的存在主义。普雷沃的著作与流行于17世纪的 libertin(思想自由和放荡)一词有关,我们在这里把它理解为生命、身体、文字的冒险、守着并

---

① "法语的句法是不受侵蚀的,从这里可导致一种令人赞叹的清晰,它是我们语言永恒的基础:不清晰的不是法语,而是英语、意大利语、希腊语和拉丁语……我们的语言规范并引导思想。"参见里瓦罗尔(Rivarol):《论法语的普遍性》,德拉格拉夫出版社1929年版,第90—91页。

② 让·斯加尔(Jean Sgard):《小说家普雷沃》,科尔蒂出版社,第29页。

且寻找秘密、探索的增生与扩散。

　　在当时,心理问题并不是像现在一样求助于精神医学,而要靠宗教的介入求得解决,帕斯卡尔就是这样做的,他最后的心情就是祈求拯救,那是爱情与烦恼在想象中的寄托。马勒伯朗士的著作也有这样的特点,即从情感的渠道进入宗教。这是18世纪类型的"精神分析",它表明哲学理性或者"伽利略精神"对心理问题无能为力。于是从18世纪开始,一场"非伽利略的革命"出现了,它在理性的压抑中探索新的文学表达方式,它从不同的角度观察情感现象,即寻觅尚未被发觉的感情,因此,我们也可以把这种前浪漫主义称作"心情哲学",它抵制心情之外的对象。我们在卢梭的作品中可以发现典型的"心情哲学":散漫、变幻无常、"我"的情绪不断增生,如此等等,它与17世纪简单呆板的古典主义形成了鲜明的对照。与"幸福"的观念比较,忧郁和焦虑更能揭示人性之复杂,可是后者不是亮相于公众的"幸福",我们可以说它是超脱的、非理性的,它与科学思维不同,一旦把它纳入清晰的框架,它就不复存在了。

　　可是,"浪漫"与"启蒙"之间并没有跨不过的鸿沟,它们只是解决同一问题的不同渠道,就像狄德罗与卢梭,他们既是启蒙的(相信人的自然权利),也是浪漫的(解放的热情)。在18世纪法国哲学家与文学家身上,这两方面是同时存在的,只是表现在不同人那里,某一方面的才能更加明显。在这个意义上,我们说,孟德斯鸠、伏尔泰、孔狄亚克、达朗贝尔等人更偏重理智,他们更相信洛克的科学经验;以卢梭为代表的浪漫派更倾向于情感,并可以一直追溯到16世纪的

蒙田;

"启蒙"与"浪漫"都强调精神自由,也就是精神和感情上的宽容。在这样的大前提下,理智和情感朝着不同的方向:理智去争取那些可以得到的东西,尽管它的口号其实是道德上的乌托邦;感情幻想那些不可能之事,尽管那是一些真实的情感。浪漫的感情欲罢不能,因为它不想平庸。浪漫具有平庸所不具备的快活,即使烦恼痛苦也是快活。浪漫为"道德"打上引号,嘲笑它太呆板,无视心情的冲动。"道德"与光明在一起,"浪漫"与"阴暗"在一起。萨德的作品是"浪漫"中的极端,它几乎是"黑色"的:排斥理性,描写本能与肢体的语言,像沉默的语言,颠倒人性正常的体验,好奇陌生,从而与启蒙的秩序不相容——萨德想让不可能的体验(性倒错、乱性与虐待,为习惯和秩序所不容)成为可能,他就必须冒极大的风险(于是,他的身体即使在法国大革命期间也是被监禁的,这也是对"精神病"的监禁)。萨德之所以被监禁,还因为那些体验是冒犯和暴力,让人出神沉醉于"罪恶"的感受,太强烈的官能刺激。可是,具有讽刺意味的是,萨德在虚构中制造的暴力与恐怖也是法国革命中的真实,但是萨德却被革命的理性关进监狱。

"浪漫"拒绝一切独断的东西,不喜欢"一定如此"之类的判断,要"个别"而不要"一般",要激动而不要平静。如果没有忧伤、烦恼、无聊、焦虑这样的感情,就不可能有"浪漫"。这样的幸福缘自"我"的心情像冲浪的"运动"(这与孟德斯鸠这样理智型的启蒙思想家截然不同:孟氏认为他几乎从不悲伤烦恼,周围的事情足以让他快乐,因此他是幸福的)。浪漫者都是敏感的,他们"无病呻吟",多愁善感,像能体验出一千种不同的痛苦和快活,这需要更多的想象力和创造力。生命可以是无聊的,但是笔下对无聊的体验却并不无聊,文字中滋生出多少不同的无聊啊,有新鲜就不无聊。

这里,不严肃的浪漫遇到一个严肃的问题:从它的立场出发,启蒙的许多字眼是似是而非的:启蒙的"光明"使人盲目,启蒙者的"经验"却让人无法体验。"光明"照不到"心情",洛克、孔狄亚克诉诸的经验是"科学"一样的经验,相对浪漫者的体验来说,它只是一种以理性为基础的"虚假经验",因为它只是接受某些经验,而不能毫无偏见地向各种体验敞开心扉。这种以理性为基础的所谓"科学经验论"自认为与古代本体论的独断不同,但在浪漫者看来,它们之间的差别比前者想象得要小得多:虽然前者不说"本体的独断",却武断地判决理智朝着哪个方向才是正确的。浪漫者说,科学经验论者所谓"普遍的经验或判断",只是对"我"的即刻体验的剪裁。这里明显暴露出冲突,即"经验"是否要遵守"规范","我"的经验和"你"的经验是否可以合起来称作"我们"共同遵守的经验。

启蒙理性的"科学经验"不啻为权威,它也是语言的霸权。正是从启蒙时代以来,形成了科学与理性的传统,我们的学术传统。在语言上,理性抹杀"我"与"你"的差别,用"我们"代替"我";抹杀男性与女性的差别,用"他们"和"他"代替"她们"和"她"。总之,理性只使用没有性别和归属的中性字眼,以保证自己的公正和正义。在理性看来,"我们"就是"我",也是"你"和"他"。理性的"复数"象征着统一或者同一,透明和可交流性,它被隔离在焦虑和快活之外,因为情绪只属于浪漫的"我"。理性抓住了一个"实在"的人为对象,并宣称它是客观的。理性从本质上是演绎的,因为它设置了观念性的前提。相反,浪漫的情绪抵制把自己还原为理性,它保留自己的私隐,迷恋一个个意外。

  浪漫的境遇不能不是文学的,心情流淌的东西人人可以意会,却不可言传,它是蒙眬神秘的。心里盼着难以置信的事,片断的念想,迂回委婉,似远似近,分心走神,所有这一切只需要心里的目光,自言自语,无需与人交流,它寻觅字而不是言,因为它知道,自己不可能真被人家理解。说不出的感受为什么要硬说呢?浪漫者不是不想泄密,而是无力吐露。真正的浪漫不是表露的话语,而是感受的心情,浪漫在地平线之外。无言的情感交流,用肢体,用眼神。或者与自己交流,连身体都不必动作。真的浪漫者只是自己和自己浪漫(因为"我"不可替代),爱情中只有虚浮的浪漫(因为这里出现了"她"与"他"之间的置换),因为说实在的,"我"虽然爱"你",但你终究不是另一个我,与我无法融合。无论你是一个地狱,还是一个天堂,都不过是一个他者。在这里,归属和还原是不可能的。换句话说,男女间爱恋之桥是在幻觉中搭建起来的,它也在浪漫中毁灭,实际上由此("她"或者"他")不能及彼。可是,爱和死一样让我们出神,沉醉,逃到现实的时间和空间之外。科学的智慧是可以学到的,所以它"平庸";浪漫的智慧则无法传授,因为它是特殊的,源于天赋。识别天才艺术家的方法不是看其技巧,而是倾听其"心声"。

浪漫与宗教都倾向于非理性,两者之间有说不清楚的天然联系。但是,与宗教哲学不同,浪漫不靠精神,而靠倾听自己的心声。前启蒙时代著名的怀疑论者倍尔在讲道理时不信神,可是他却说:"……有些人的宗教在其心情中,而不在其精神中。当他们通过人类理性的途径寻找宗教时,他们会失去宗教……可是,一旦他们停止争论,只是倾听情感、本能和良心的证明时,就宁可相信某种宗教。"①我们说,这里所谓相信"宗教",只是对神秘性的敬畏,这与蒙田和帕斯卡尔的心声是相近的。

浪漫不是平庸的情感,因为对同样的经验,平庸者呆头呆脑,无动于衷,浪漫者却可能泪流满面,他更敏感和害羞,而平庸者只是对规则和习惯敏感。启蒙时代的法国浪漫作家多克洛(Doclos)在狄德罗主编的《百科全书》"懦弱"词条中写道:"妇女的精神更容易衰弱,因为她们的教育更被人忽视;妇女的心情更容易衰弱,因为她们心情的感受能力更强。"②这也启示我们,浪漫者的性格是女性化的,或者说,妇女天生具有浪漫倾向。教育在培养妇女理性的同时,也削弱了她的天性。理性与教育程度成正比,与人的本性成反比。理性与心情天生就是不和谐的,而启蒙的理性却说它们和谐。

理性拿尺子丈量事物,它遗漏了很多。卢梭在《新爱洛漪丝》中就这样发问:"究竟世上有多少东西不能

---

① 参见倍尔《历史批判辞典》中"斯宾诺莎"条目。
② 转引自古斯多尔夫(G. Gusdorf):《启蒙世纪浪漫意识的诞生》,帕约出版社1976年版,第102页。

由理性提供而只能靠心情去感受呢？"①什么是事物的"本质"，是理性吗？如果说，本质在现象之中，那么，心境则躲在理智背后，因为它不透亮，在理智之光照不到的地方。我们重视浪漫主义，因为它绝不单纯是一种文学流派，而是一种哲学心情，它可以引申到19世纪后期柏格森的生命哲学，继而与20世纪法国哲学的主流倾向有丝丝缕缕的瓜葛。柏格森诉诸的"直接意识"也是"浪漫"的，它与科学的心理学经验不同，因为它不可以用仪器实证（19世纪法国哲学中的实证倾向是启蒙理性的某种延伸，主要表现于莫尔和斯宾塞的哲学），在这个意义上说，柏格森所说的"生命"是浪漫意识的进一步拓深。根据柏格森的想法，应该区别"两种完全不同的时间绵延，意识到生命的两个方面。在同一的单调绵延下面，引申出真正的绵延。一种出神心理学敞开了新的绵延，这种绵延中渗透着各种各样的瞬间；在（同一单调的）意识状态数量方面的多样性背后，（在真正的绵延中，意识）还有一种性质上的多样性；在关于我的状态之习惯定义背后，我还连续不断地融合并编排我自己。可是我们更经常满足于前者，也就是说，满足于投放在同一单调空间中的我的影子。意识受着折磨痛苦，抓不住显现的欲望，于是便用象征代替真实，人们只是通过象征符号体会真实。"②这就是说，一般社会生活中"我"的行为和语言并不反映真实的我，我特殊的语言和行为是别人看不见的，那

---

① 卢梭：《新爱洛漪丝》，参见《卢梭选集》第2卷，第59页，普雷伊阿德出版社。
② 柏格森：《论意识的直接材料》，法兰西大学出版社1959年版，第85页。

才是"浪漫"的真实含义。换句话说,"浪漫"的柏格森式的意识不再停留在生命的表面,它是科学意识无法阐述的。我们的感觉、感情、观念都能从两方面得到表述,一方面,从科学和社会的角度,我们可以说它们是"正确的",为习俗所接受的,然而,又是没有个性的;另一方面,从"浪漫的绵延"角度,它们又是浑浊的、流动的、难以体验的,因为语言总试图把流动的事物固定下来,否则就抓不住事物。在这个意义上,任何语言对"生命之绵延"来说都是平庸的共同规范形式。

在"浪漫的绵延"中,人们共同的时间和空间消失了,逝去的、当下的、将来的时空体验(瞬间、出神、走岔路、沉醉)可以"折叠"起来。① 它们的方向和性质是各种各样的(皱折),它们陶醉于"我"的孤独;而在与人和社会交往时,沉淀的"我"消逝了,"我"的意识投入到大家共享的时间与空间,它们彼此不分,只有数量的差别,没有性质的差别,因此是没有活力的,非人格化的。在这里,只有一种外表的或者外在因素的联系,它千疮百孔,因为人人都想逃避它,躲到自己的天地,②进入出神人化状态。在那儿出场使我陶醉,我不单调,性质不同的生命体验重叠起来,并列融合在我面前,片断的,无逻辑的,不由自主地增生、感染,就像一张会变形的脸。但是它们并没有唯一的源泉(这也就

---

① 关于"折叠"的概念,还可以参见尚杰著《从胡塞尔到德里达:归隐之路——20 世纪法国哲学的踪迹》中有关德勒兹的章节,江苏人民出版社 2002 年第 1 版。
② 为说明问题,我们这里引用德里达在一本书中说的例子:一个王妃说,国王占有了她的所有时间,可是她把自己的时间留给她的情人——这怎么可能呢?可能的解释就是,后一种时间是柏格森所谓时间之浪漫的"绵延"。

是柏格森之后不久法国著名作家普鲁斯特《寻找失去的时间》中的情境）。这是另一种理智,本能状态下的理智。柏格森开拓了卢梭的浪漫:在卢梭那里,思想向往热情和享受,否则我们能认识什么呢?否则,思想岂不是一件让人十分痛苦的事吗?

因此,除了启蒙理性,我们还要研究18世纪"人的欲望",或者"欲望的人",心情的需要。创造和幸福生于"冲动","无聊"生于"平庸"。浪漫与个性的创造有缘,即与别人不一样,不说人家已经说过的话语。我有自己的隐秘,爱恨恐惧欢乐焦灼只是我的,无法与人共享,也不能表达,因为表述它的词句一定有人们事先约定俗成的意义。所以,浪漫的语言倾向于创造语言,回到"etre"(法文"存在"、"是";海德格尔曾经说,"语言是存在的家,人就居住在这个家中。")的原始性。这不能不是艺术的语言,它的氛围是独处自己的语言,而不是共处大家的语言。独处的言语赤露;共处的言语则乔装打扮,通过文明礼貌和教育,给我们用词的规范,它永远像寺院里的佛面。独处的欲望,它的语言是极难说出的,因为更多的欲望只生存于瞬间,只是下意识地划过一道痕迹,很快就被新的痕迹所掩盖——这样的念头多是"造反"的,它颠覆理性语言的"帝国主义",背叛了传统和习惯的价值——18世纪启蒙的理性不容忍萨德式的赤露,不服管束的原始野性。可是,萨德还是有追随者,其中最重要的,恐怕就是20世纪的心理医生弗洛伊德。萨德、弗洛伊德作品讨论的问题是不应回避的。

18世纪法国的前浪漫主义——这标志着文学从新的角度探讨人:不确定性、困惑、不知所措,心情—身体—感觉—精神掺杂在一起,它拒绝古典主义事先为文学设计好的概念,认为那是强加于人的。卢梭在《爱弥儿》中实际上已经描述了浪漫主义的基本特点:"良心是灵魂的声音,热情是身体的声音,让人惊讶的是,这两种语言经常是相互冲突的,应该听从其中的哪一个呢?理性常常欺骗我们,我们有太多拒绝它的权利,但是良心从不会错,它放在心里,就像本能在身体里……现代哲学只承认它解释的东西,不肯承认被人称做本能的那种难以理解的官能。显然,无须获得任何认识,本能就可以朝向某个目标。"①这里,卢梭所拒绝的实际上只是理性,因为它是在人之外欺骗人的乌托邦。良心—灵魂和热情—身体才组成人本身,是人须臾都离不开的东西,卢梭写作的天性全靠它们。在写作中,卢梭小心翼翼地逃避理性的威胁,他对平等的研究实际建立在热情—感情基础之上,而不是理性,他对文明—理性的进步始终持有异议。《爱弥儿》体现的教育理论实际是,教育要与身体发展过程同步,不能以成人理性的眼光"规范"儿童。与卢梭相比,狄德罗在《生理学的要素》中则表现出由于感情与道德之间的冲突而导致的徘徊不定,一方面,他宣称感情可能损害心灵,是危险的,麻烦的;另一方面,善心只能以感性特征表示出来,这构成道德生活的主要内容。像卢梭一样,狄德罗也赋予"热情"至高无上的地位,他自己就是这样一个人,有创作激情。可是,他又不愿意承认"天才"只在于"心"的能力,认为"天才"在于观察和判断能力出众,但是在实际的情形中,他又混淆这些能力。狄德罗最富有浪漫气息的作品是《拉摩的侄

---

① 卢梭:《爱弥儿》第4卷,普雷伊阿德出版社,第594—595页。

儿》，他这篇作品中的角色和他本人是相似的："狄德罗（创作）的人，狄德罗本人都不是一个理性的人，而是一个热情、冲动、欲望中人。"①拉摩的侄儿具有一种疯癫式的浪漫，狄德罗这样描述他："事情还未开始，他就深深叹了一口气，把两手放在胸前。然后，又做出一副平静的样子，对我说：你知道，我一无所知，我是一个白痴，一个傲慢无理的人，一个懒人。"②可是，能说出这番话本身就证明他并不是一个白痴，而是一个有极高智慧的人，他对自己的热情以至癫狂是清醒的。但他还是要冒很大的风险，因为谁都嘲笑他，他被周围的人看作傻子，因为他的言行不遵从习俗，就好像不属于自己的时代。可是卢梭和狄德罗这样的人不就像拉摩的侄儿一样，在大革命的前夜被视为不守规矩的人吗？狄德罗思绪和作品表现出的"混乱"比他的"清晰"更能道出他的真理：不比照着逻辑说话，前言不搭后语，这暗示着下意识的"随心所欲"，乃热情使然，写作的动机并不是要解释它，而是出于体验和描述的欲望。狄德罗称感受性是人身上的"弱点"，因为它不受人的控制。狄德罗这里所说的，不就是普鲁斯特那样非自主的想象吗？纤细或者敏感、怜悯、战栗、倾慕、害怕、烦恼、哭泣、野心等等，总之，这是理性的迷失，也不顾真善美的观念，就像是疯，因为念头太多，相互冲突，超出了能理解的界限，可是它取自"自然而然"——这应该是18世纪法国自然哲学应有之义，只

---

① 转引自古斯多尔夫（G. Gusdorf）：《启蒙世纪浪漫意识的诞生》，帕约出版社1976年版，第148页。
② 狄德罗：《拉摩的侄儿》，参见《狄德罗文集》，普雷伊阿德出版社，第435页。

是我们没有挖掘出来罢了。启蒙时代人的幸福观是取道自然的,痛苦和快活都是自然之花所蕴含的心情话语,它们在数量和质量上都比精神和理性的语言更加丰富。谵妄归至身体—性情之本来的样子,一副血肉之躯。浪漫特质的作品没有"关键词",它不珍惜词句,临时抓住一个,有感觉更好的,便弃旧不用。实际上,在整个过程中,词始终难以达意,难以说它们精彩。写作只是迫不得已用符号作为生命意义的象征,并不能吐露生命的全部秘密。能描绘未曾有过的体验的作品,就是敞开新领域,也就是好作品。

  18世纪作家思想中的浪漫倾向放缓了"精神"的步伐,启蒙哲学家和思辨哲学家最大的区别,乃在于前者作品中的文学化倾向,而后者则忙于继承和创造大量的概念;文学把思想变成心情,然后让它慢慢地走,细心地品味,但是在思辨那里,无论怎样苦想,也难以现出形象。幸福在康德那里仅仅还原到"善",一个"绝对的命令",他告诉我们,在任何时候,任何情况下,"撒谎"都是"善"不能容忍的。这显得远离人的血肉之躯,而在18世纪法国人的自觉追求中,幸福不仅是热情和快活,也是忧虑和无聊,[①]这是思辨立场无论如何不能接受的,因为它不可思议。但是,也正是在这样的意义上,18世纪的"浪漫心情"导致了理解的更新,它展示了思辨所不愿意看到的种种性情:幸福不仅在于有笛卡尔一样的清晰,更在于模糊中的多样性,在它面前,判断好像失去了方向。模糊性中有不要前提

[①] 关于这一点,参见莫齐(Robert. Mauzi):《18世纪法国文学与思想中的幸福观念》,米歇尔出版社1994年版。

的任意性,而来自理智的判断却是有前提的。用哲学的术语,这是直觉与演绎的冲突。

心情的直觉弥补了建立在演绎基础上的理解之不足(这在科学领域也得到了证明),这时,原有的理解能力便显得很傻。特别是对人的理解,古代和中世纪以来的传统,总是从人本身之外的观念理解人,比如神或者相当于神的理念。浪漫的心情则直面人(心—身)本身,不甘为"可理解性"的转移——因为它描述的其实是不可理解性。这与从前的"理解"是相悖的,因为从前理解的是事先约定好含义的(先验的)概念,直觉的体验被看作神秘的,因而是不可理解的——哲学在从事理解活动时,习惯于有前提,浪漫的智慧却不要任何前提,这使原来的哲学思想显得手足无措。能说浪漫的智慧是一种新哲学吗?它有意躲避笛卡尔"清晰的"形而上学,另辟默默无闻之幽径,隐约难辨、不解、晦涩、糊涂——就像中国人把"难得糊涂"当作人生更具智慧的境界——这是18世纪启蒙环境下的拓荒,在原来的精神沙漠,传统思想线索被"浪漫"地扯断了,由于新的诱惑,使心思偏离、出神、跑题,沉醉在"幸福"之中。

女性是天然浪漫的,这里的女性不仅指性别,主要指文化形态中的女性特征。女性特征从前是被压抑的,这是世界绝大多数民族都曾经历过的。以逻各斯为中心的西方传统哲学的统治象征着男性的力量,贯穿18世纪的法国前浪漫主义裸露了"女性特征":这是"文明"的更新、创造。不可再用"他们"代替"她们",夏娃不再做亚当的奴仆。这是一场风俗的革命,因为原来的思想、社会习惯及其秩序都是为"亚当"准备的。浪漫的心情"哲学"闯入原来只许男性涉足的哲学领域。这不啻给"精神"以另一个性别,而从前的精神是不讲性别的,它以中性的面貌出现(尽管实际上它只有"男性"文化特征)。热情或者感情情绪等"女性特征"对精神、思想、哲学生活来说是无关紧要的。笛卡尔的沉思就是最典型的哲学精神生活,它把性别差异隔离出去,所谓"我思,故我在"是可以连身体都舍弃掉的。① 这是精神处于患病状态的思想,如果发生在现在,可能被人们劝说去看心理医生。可是,"纯粹哲学家"们从来不曾觉得自己的心理有什么问题,他们不肯承认自己的欲望,宁可"禁欲"。法国人在启蒙世纪对哲学的重要贡献之一,就是不再让身体或者性别特征与精神生活隔绝开来。人不再是一个概念,而是生理上的男人女人,有不同的欲望。这是从前哲学的禁区,所以我们可以称之为开拓新的精神生活。法国革命时期的一个女作家这样说:"自然和社会剥夺了人的另外一半;力量、勇气、才华,一切都属于男性……爱情是女性唯一的热情……爱就是女性生命的历史,而对男性来说,爱只是生命的插曲……"② 这里显然有性别的冲突,我们隐约听到了女权主义最早的呼声。它涉及性别的宽容,容忍"不一样"东西的权利。女性与男性在身体上的差别决定了她们有异样的思想。传统哲学因为女性的理智"不如"男性而贬黜她们,却忽视了由于男

---

① 笛卡尔著名的"我思,故我在"建立起思辨的真理,人被等同于一个没有头,没有脚,没有手,没有性别的思想者。在思辨者看来,身体,尤其是女性身体影响思想,所以要被遮蔽掉。

② 转引自古斯多尔夫(G. Gusdorf):《启蒙世纪浪漫意识的诞生》,帕约出版社1976年版,第170—171页。

性在学术文化上的语言霸权,她们的心情是没有呼声的。她们是沉寂的一群,根本无力在社会偏见下面与他们竞争。我们听不到她们的声音,但是看到了具有女性特征的男性作家的文字,他们得以成功,女性特征也是重要原因,其中最有名的,就是卢梭和他的《新爱洛漪丝》,一本畅销书,贵妇与女仆的枕边书。

和卢梭一样的"女性心情",敏感,心扉在隐秘处向自己敞开,天性中有淡淡的忧伤,倾向于怀旧——这是因为一旦脱离喧闹的程序式生活,恬静的心情不由自主地呈现不规矩的想象:失节、错乱、放纵、误入歧途、无依无靠,那是些说不清的图像,夹杂着原始的语言,幼稚而不世故。忧郁—记忆的意境是充满诗意的,它不单调,它捕捉变了形的痕迹。这踪迹有心情的音调,它不适宜思想和话语表达,因为心情似起伏的音乐——卢梭断断续续抄了一辈子乐谱,并不认为枯燥,而是幸福,他与音乐有不解之缘——流动的心情,对逝去时间的体验是浪漫主义的,普鲁斯特,《寻找失去的时间》的作者,他与卢梭的心情是相通的:变化了形状的记忆(睹物思人,这也是中国古代诗歌的传统),符号、鸟鸣、兰花、气味,什么都能莫名其妙地激起心情的图像。记忆所以能变形,是因为它不守护真实生活的时间秩序,不是原汁原味。真实的因素不是指卢梭和普鲁斯特回忆中的事件,而是事件或事件所唤醒的感情,这足以让任何回忆实际上都是一个文学作品!这作品只是守着心情的真实(多样化的全方位的心情),而对事件的真实的构建则打乱了重来。

狄德罗在致友人信中曾吐露了浪漫作品的一个秘密,同样的事情,在生活中是令人痛苦的,但是,把"痛苦"写出来,对"痛苦"的阅读过程却并不令人痛苦。作家的精神生活可能是艰难不幸的,但是对它的阅读并非如此:"20年来我一直断断续续被某种疾病所折磨,大脑从没有放松,它有如此沉重的负担压迫我,引诱我到阴暗的角落,或急流漩涡……我有一些忧郁而无聊的黑色念头。我发现到处都是恶……就寻求专心于毫无用处的自娱自乐。别人的快乐使我感到折磨,我痛苦地听别人大声说笑……这就是我日常的状态,生活对我来说是索然无味的。最微不足道的气候变化在我看来都好像是剧烈的打击,我不知道呆在一个地方,我要走但不知道去哪,就这样满世界地转。我失眠,没有胃口,只有在行进的路上感觉才好。我到处都和人家相反:他们喜欢的东西令我不快,使我高兴的东西他们却不喜欢。有些日子里我讨厌阳光,另外一些时候太阳给我信心,如果天气一下子阴沉下来,我也骤然堕入深渊。"①成为一个天才作家的必要条件,是体验实际生活或者灵魂中的痛苦,不是俗人的,而是与人家不一样的痛苦。能面对普通人无动于衷的情景"心潮起伏",这说明狄德罗对痛苦和欢乐有超过常人的感受能力。痛苦是实在的,但是作家能从超脱的,或者旁观者的角度冷静地对之加以描述,便成为文学艺术,这就是作家的两重性。它也是"浪漫心情"的两重性:"浪漫"只是一种心情,实际生活并不浪漫,它给我们许多痛苦,可是,当我们感到描述这些苦恼和忧郁几乎是不可能的时候,浪漫的心情就离我们很近了。不言

---

① 狄德罗1760年10月28日致沃兰(S. Volland)的信,N.R.F. 1938,第167—168页。

而喻,这样的"苦恼"是浪漫本身的一部分。

更贴近浪漫心情的词汇不是快乐,而是忧郁,它是由于长时期的担心、悲伤、焦虑、疑虑而滋生的精神状态——折磨人的心情,它阴郁又深奥——这是"精神病态"!忧郁本身并不是浪漫的,浪漫之处在于对忧郁的玩味。忧郁的肢体行为也异于常态,像疯癫。① 心情的散漫导致行为上也丧失了自制力,沉醉于想象中的效果。歌德则让少年维特以极端忧郁状态下的自杀,结束浪漫的悲剧——浪漫心情是对正常心理的危险增补,它眼中的人和世界都已经变形,从而导致荒谬。这是一种危险的生活补偿,它引诱我们享受的不是情人的血肉之躯,而是各种各样的替代物——特别是文字和想象力。这是反常的病态:明明是痛苦的,却要从痛苦中得到满足,这离萨德主义已经不远了。

浪漫主义的基本特点是非理性的,它只关心与别人不一样的"我"(自传体裁的文学形式就是从这里发展起来的)。一个原始状态的"我"的体验与洛克、休谟、孔狄亚克诉诸的经验是不同的:前者朝向心情内部的神秘,它是个别的、偶然性的;后者朝向感觉的对象,它是经验自然科学的对象。卢梭在《忏悔录》开头就说,他与任何一个"别人"都不同。于是,我们才可能在这本书中体会到"唯一的"灵魂,所以它也是新的。沿着这条线索,也启发了一个又一个"他者"的魂灵,比如克尔凯郭尔、尼采,以及宣称"他人就是地狱"的萨特。如果他们本人不大胆地吐露自己内心的隐秘,我们就无从知道世间还有那样的魂灵!

---

① 卢梭在他的情人不在场时,表现出一连串不可思议的动作。

未名讲坛

(第一辑)

蒙培元讲孔子
杨国荣讲王阳明
曹卫东讲哈贝马斯
朱高正讲康德
莫伟民讲福柯
杨大春讲梅洛-庞蒂

(第二辑)

蒙培元讲孟子
赵敦华讲波普尔
邓晓芒讲黑格尔
欧阳哲生讲胡适
尚杰讲狄德罗
高旭东讲鲁迅
汪堂家讲德里达
高宣扬讲拉康